Bauchreden

Bauchreden - spielend lernen

Elke Bockamp/Rudolf Urbanski

Edition Aragon

Widmung:
Dieses Buch ist unserer lieben Oma, Frau Hanni Johae gewidmet.

Aragon-Verlag GmbH
Postfach 101106
47401 Moers

Lektorat: Willi Klauke
Satz: S&ES, Vettelschoß
Belichtung: Fotosatz Klaußner
Druck: Memminger MedienCentrum AG
ISBN: 3-89535-423-6

Autoren

Rudolf P. Urbanski

Geb. 11.5.1949, Mitarbeit in freien Theatergruppen, Erfahrung in Straßenclownerie und Pantomime. Autor des Buches „Maskenbau-Schminken - Eigene Maske", Edition Aragon, Moers.

Rudolf P. Urbanski ist Puppenbauer und Puppenspieler.

Elke Bockamp

Geb. 12.3.1963, seit 1982 im Druckereiwesen tätig, Druckformherstellerin. Von ihr stammen zusätzlich alle Zeichnungen in diesem Buch.

INHALTSVERZEICHNIS

Vorwort

Wenn wir heute einen Bauchredner mit seiner Puppe im Fernsehen sehen, so würden wir sicher allzu gerne glauben, daß sich da zwei Personen miteinander unterhalten.

Früher, vielleicht zur Zeit unserer Urgroßeltern, war man noch leichtgläubiger, bei dem Wort „Hokuspokus" lief so manch einem ein Schauer über den Rücken. Eigentlich weiß heute jedes Kind, daß beim Bauchreden immer nur einer spricht - der Bauchredner. An die Stelle der Ehrfurcht unserer Urgroßeltern tritt heutzutage wohl Neugier, oder der Wunsch der Sache auf den Grund zu gehen, vielleicht den Bauchredner bei einer Lippenbewegung zu erwischen, wenn er keine machen sollte.

Doch ein guter Bauchredner weiß, daß er beobachtet wird, ja er kalkuliert von vornherein mit ein, wohin das Publikum zu blicken hat - und wohin besser nicht.

„Noch kannst Du es sehen, im selben Moment schon nicht mehr", behauptet Valentine Vox – ein bekannter Bauchredner, und er sagt weiter: „meine Hand ist schneller, als Dein Auge!" Also, das ist der Stoff, aus dem die Illusionen sind.

In diesem Buch werden wir all die Tricks zeigen, die für das Bauchreden wichtig sind: Wie man redet, ohne die Lippen zu bewegen, wie man sich dann mit einem selbstgefertigten Partner unterhält, aber auch, wie man ohne Partner die Stimme aus einem Schrank, oder gar von einem Baum sprechen lassen kann.

Doch zurück zur Illusion: In früheren Zeiten galt das Bauchreden keinesfalls als Kunstrichtung, vielmehr war man sich lange nicht klar, ob die, die es konnten, nicht von einem bösen Geist gefangen waren, oder gar einen anderen Körperbau hatten.

Mehr dazu berichten wir in dem Teil, der sich mit der Geschichte des Bauchredens beschäftigt.

Was, aber ist Bauchreden?

Der Bauchredner – auch Ventriloquist genannt – macht einfach von einem akustischen Gesetz gebrauch: Wenn man nämlich ein Geräusch hört, kann man schlecht bestimmen, aus welcher Richtung es kommt.

Valentine Vox schreibt dazu: „der natürliche Impuls – nachdem wir ein Geräusch vernommen haben – wäre zu sehen, woher es gekommen ist. Wir benutzen unsere Augen automatisch, um die Quelle des Gehörten ausfindig zu machen. Der Bauchredner macht sich diesen Umstand zunutze und lenkt die Aufmerksamkeit seiner Zuhörer direkt oder indirekt auf die Stelle, von der er möchte, daß man ihn hört."

Um diese Tatsache haben bauchredende Persönlichkeiten schon lange vor unserer Zeitrechnung gewußt, ja sogar lange bevor es das Wort Bauchreden überhaupt gab.

Mit diesem Buch hoffen wir, den Schleier des „Mythos Bauchreden" zu lüften. Unser größter Wunsch aber ist es natürlich, daß unsere Anleitungen zum Erlernen des Bauchredens den Leserinnen und Lesern dieses Buches helfen werden, ein bislang vielleicht schlummerndes Talent zu wecken und zur Entfaltung zu bringen.

In diesem Sinne wünschen wir viel Spaß und Erfolg beim Erlernen des Bauchredens.

Kapitel I

Wir basteln uns einen Partner

Wer an Bauchreden denkt, denkt automatisch an eine sprechende Puppe, vielleicht ein Tier, oder einen Gegenstand, der dem Bauchredner ständig ins Wort fällt.

Früher war es sehr populär sich eine Kniepuppe zu bauen, meist sah sie wie ein kleiner Junge aus, der seinen Mund und häufig auch die Augen bewegen konnte.

Heute arbeiten die Bauchredner meist mit lustig anzuschauenden Figuren, in der Regel mit Tiercharakteren. Damit Du direkt mit dem Bauchredenlernen loslegen kannst, haben wir hier einige Vorschläge, wo Du einen geeigneten Partner findest: Zum Beispiel in der Haushaltsabteilung im Supermarkt. Dort kannst Du garantiert einen Topflappen, der wie ein Handschuh aussieht mit einem aufgedrucktem Tiermotiv erstehen. In der Spielwarenabteilung kannst Du nach den Kasperlefiguren Ausschau halten, die ihren Mund auf- und zuklappen können, zum Beispiel das gute, alte Krokodil. Beide – Topflappen und Kasperlefigur – sollten jetzt noch etwas präpariert werden, damit sie wie eigenständige Lebewesen aussehen und nicht wie ein Handschuh an Deiner Hand. Hier sind ein paar Anregungen:

Wenn Du Spaß daran hast, Dir Deinen Partner selbst zu erschaffen, dann können lustige Ideen schon witzige Erfolge bringen:

Für den Bücherwurm (oben) brauchst Du nur einen mittelgroßen Karton, einen alten, hellbraunen Nylonstrumpf, einen schwarzen, dicken Filzschreiber und für die Augen große, weiße Knöpfe. Zieh den Strumpf über Deine Hand und Arm, mit der anderen Hand malst Du nun die schwarzen Ringe. Anschließend die Knöpfe aufgenäht – fertig ist der Wurm. Für sein Zuhause beklebe den Karton mit weißem Papier und male die Bücher auf.

Ganz Eilige können auch auf die Schnelle auf ihre Hand einen Mund malen, das Ergebnis sieht dann so aus:

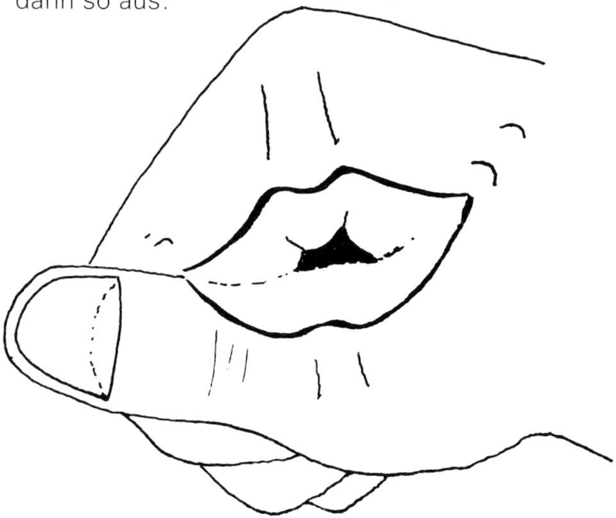

Du brauchst einen Kajal- und einen Lippenstift. Zuerst zeichnest Du die Kontur der Lippen mit dem Kajalstift auf, anschließend füllst Du die Lippenfläche mit rotem Lippenstift. Male noch ein paar typische Falten rund um den Mundbereich und einer Unterhaltung mit Deiner Hand steht nun nichts mehr im Wege!

Mit etwas Geschick kannst Du aus einer alten Socke ein kleines Haustier machen: Zuerst nähst Du hinter der Ferse einen Knick ein, indem Du die Falten zusammenbindest. Jetzt die Socke mit Polsterwatte füllen. Mit schwarzem Filz den Mund auslegen und eine rote Zunge heraushängen lassen. Augen und Nase aufmalen oder aus Filz aufkleben. Was fehlt?

Richtig: die Schlappohren und das Fell (Fransen aus Strickgarn aufnähen)

Hundegebell täuschend echt nachmachen

Das Bellen des Hundes ist ein Geräusch, das sich am besten beim Einziehen der Luft durch den Mund nachmachen läßt.

1. Mache beim Einatmen ein Geräusch, das sich wie ein langgezogenes „Ö-R-R" anhört. Es sollte sich tief und kehlig anhören. Probiere diese Bell-Einleitung einige Male.
2. Mache jetzt ein schnelles „ÖRR" und erweitetere es (ebenfalls beim Einatmen) um ein schnelles „WAFF". Bei „Waff" sollte Deine Stimme blitzartig lauter und für kleine Hunde schriller, für große Hunde tiefer im Ton sein.

Darf ich mich vorstellen? Mein Name ist Dinogel

Ein echter Dinogel ist eine Mischung aus Dinosaurier und einem Vogel, und weil echte Dinogels recht selten zu finden oder gar zu kaufen sind, haben wir direkt einen mit in's Buch gelegt. Na ja, so ganz fertig ist er noch nicht, da mußt Du schon ein wenig mithelfen, immerhin soll er ja auch zum Schluß DEIN Dinogel sein.

Als erstes vergrößerst Du die Seite mit den Schnittmustern auf dem Fotokopierer. Du kannst Dich an das Maßband an der Seite der Schnittmuster halten, dort steht 10 cm, und wenn diese 10 cm erreicht wurden, dann kannst Du damit rechnen, daß Dein fertiger Dinogel etwa 60 cm groß sein wird. Er kann natürlich auch um einiges größer oder kleiner ausfallen – so wie er Dir hinterher gefällt.

Wenn Du das Schnittmuster fertig vergrößert hast, schneide die einzelnen Teile aus, kontrolliere, daß es 16 Teile sind.

<u>Benötigtes Material</u>: Fellreste, Stoffreste, verschieden farbige Filzstücke, starke Vlieseline, Polsterwatte, Nähgarn (u.U. Wollreste und Knopfaugen)

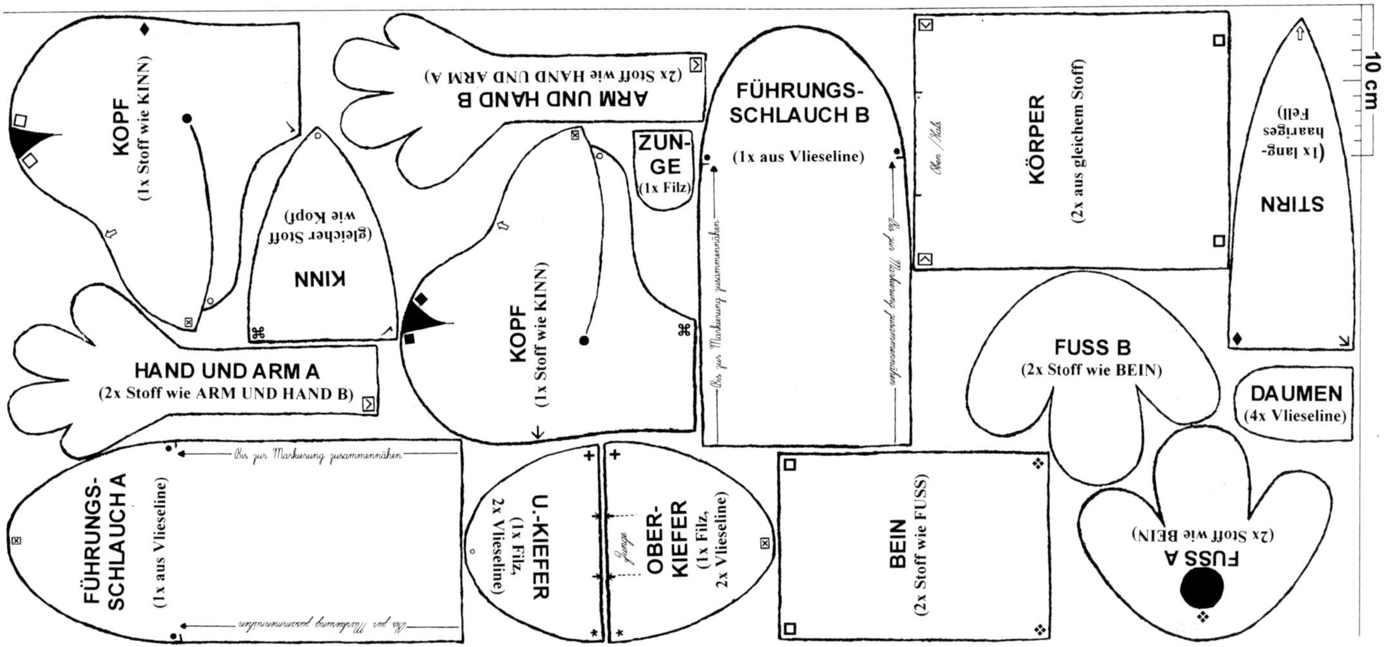
KOPF
(1x Stoff wie KINN)
KINN
(gleicher Stoff wie Kopf)
ARM UND HAND B
(2x Stoff wie HAND UND ARM A)
HAND UND ARM A
(2x Stoff wie ARM UND HAND B)
KOPF
(1x Stoff wie KINN)
ZUNGE
(1x Filz)
FÜHRUNGS-SCHLAUCH B
(1x aus Vlieseline)
Bis zur Markierung zusammennähen
KÖRPER
(2x aus gleichem Stoff)
STIRN
(1x lang-haariges Fell)
10 cm
FUSS B
(2x Stoff wie BEIN)
DAUMEN
(4x Vlieseline)
FÜHRUNGS-SCHLAUCH A
(1x aus Vlieseline)
Bis zur Markierung zusammennähen
U.-KIEFER
(1x Filz, 2x Vlieseline)
OBER-KIEFER
(1x Filz, 2x Vlieseline)
Zunge
BEIN
(2x Stoff wie FUSS)
FUSS A
(2x Stoff wie BEIN)

Arme und Beine mit dem Körper verbinden:

1. Jeweils 1 HAND A auf HAND B mit den rechten Seiten aufeinanderlegen und an den Rändern zusammennähen. Wo das Zeichen ist, offenlassen. umstülpen und mit Schaumstofflocken oder Polsterwatte ausstopfen.
2. Die beiden Vorderseiten von FUSS A und B zueinanderlegen und rundherum zunähen. Durch das Loch umstülpen und ausstopfen.
3. Bei dem Beinteil die beiden gleichen Zeichen über die Vorderseite zueinanderbringen und die offene Längsseite zunähen. Umstülpen. Nun den Rand eines Schlauchendes 1 cm nach innen umlegen. Das Bein mit der umgelegten Stoffkante auf das Loch von FUSS A stellen, dabei zeigt die Längsnaht des Beines zur Hinterseite des Fußes. Beinschlauch per Handnaht auf FUSS A nähen, so daß das Loch im Schlauchinneren verschwindet.

Tip: Lieber zweimal rundum nähen, hält besser!

4. Die beiden KÖRPERrechtecke mit den Vorderseiten aufeinanderlegen und an den Rändern zusammennähen, wo „oben/ Hals" steht, offenlassen. Umstülpen und ausstopfen.
5. Die offenen Arm- und Beinenden jeweils 1 cm nach innen knicken und an die lt. Schnittmuster vorgesehenen Stellen an den Körper nähen (genauso wie Bein an Fuß). Siehe auch Abbildung.

Stirn und Kinn mit Kopf verbinden

1. Den Mund des Kopfteiles wie im Schnittmuster einschneiden. Den schwarzen Keil am Schädel ausschneiden. Dort die beiden Zeichen über die Vorderseite zusamenkommen lassen. Die kleine Keilkante an den Rändern zusammennähen. Das Stirnteil mit der Spitze am gleichen Zeichen am Kopf ansetzen und bis zum Zeichen im Genick aneinandernähen. Das andere Kopfteil genauso mit der Stirn verbinden.
2. Mit Kinn- und Kopfteil genauso verfahren, jeweils am Hals des Kofteiles anfangen.
3. Die beiden Kopfteile von der Nase bis zur Stirnspitze zusammennähen.

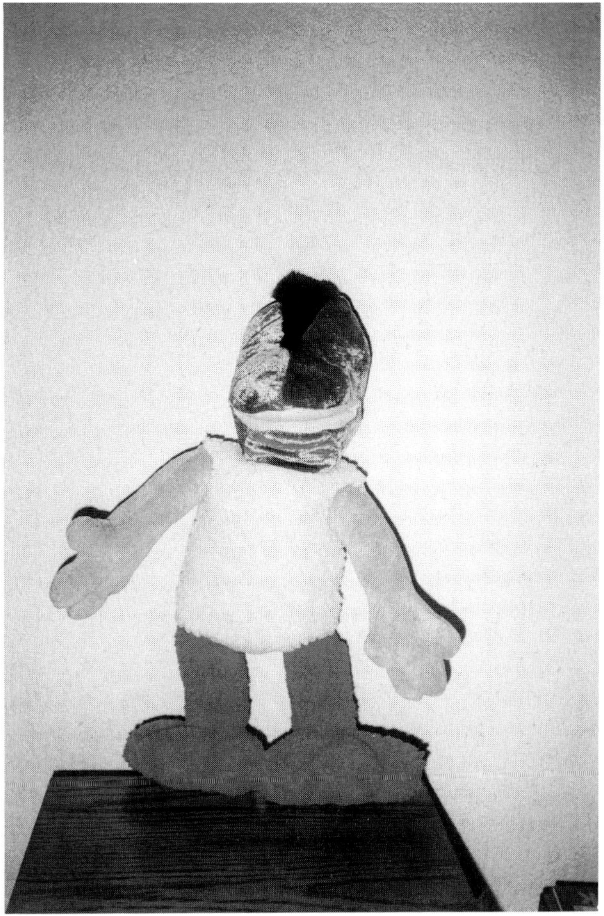

Innenleben und Schnauze

1. Die drei OBERKIEFER-teile aufeinanderlegen. Filz liegt oben. Knapp am Rand zusammennähen, die gerade Seite bleibt offen.
2. UNTERKIEFER genauso. (Vlieseline liegt jeweils doppelt, wegen Stabilität)
3. Lege jetzt OBER- und UNTERKIEFER Übereinander, die Filzseiten liegen innen. Die Zunge zwischenlegen und die gerade Kante beider Kieferteile von + bis * zunähen.

Tip: Vor dem Zunähen noch mal nachsehen, ob die Zunge richtig liegt!

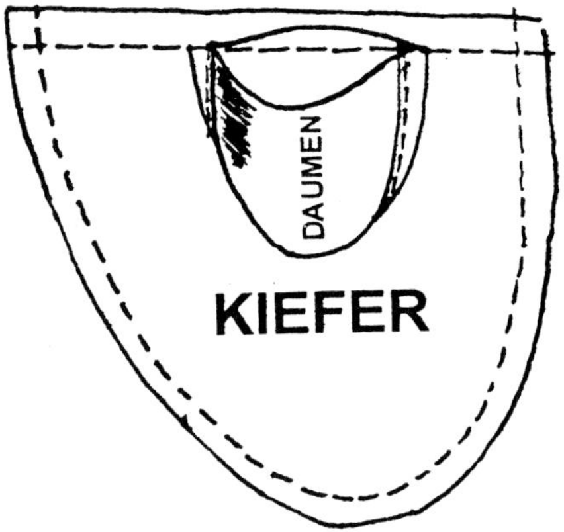

4. Alle vier Daumenteile am Rand zusammennähen, gerade Seite offenlassen.
5. Daumen mit offener Seite wie auf der Zeichnung zu sehen an den Unterkiefer nähen. Dabei nur 2 Lagen Vlieseline fassen, die anderen zwei zum Schluß extra miteinander vernähen. Jetzt ist auf dem Unterkiefer eine kleine Tasche entstanden (gegenüber der Zunge), in die Du später Deinen Daumen schieben kannst.

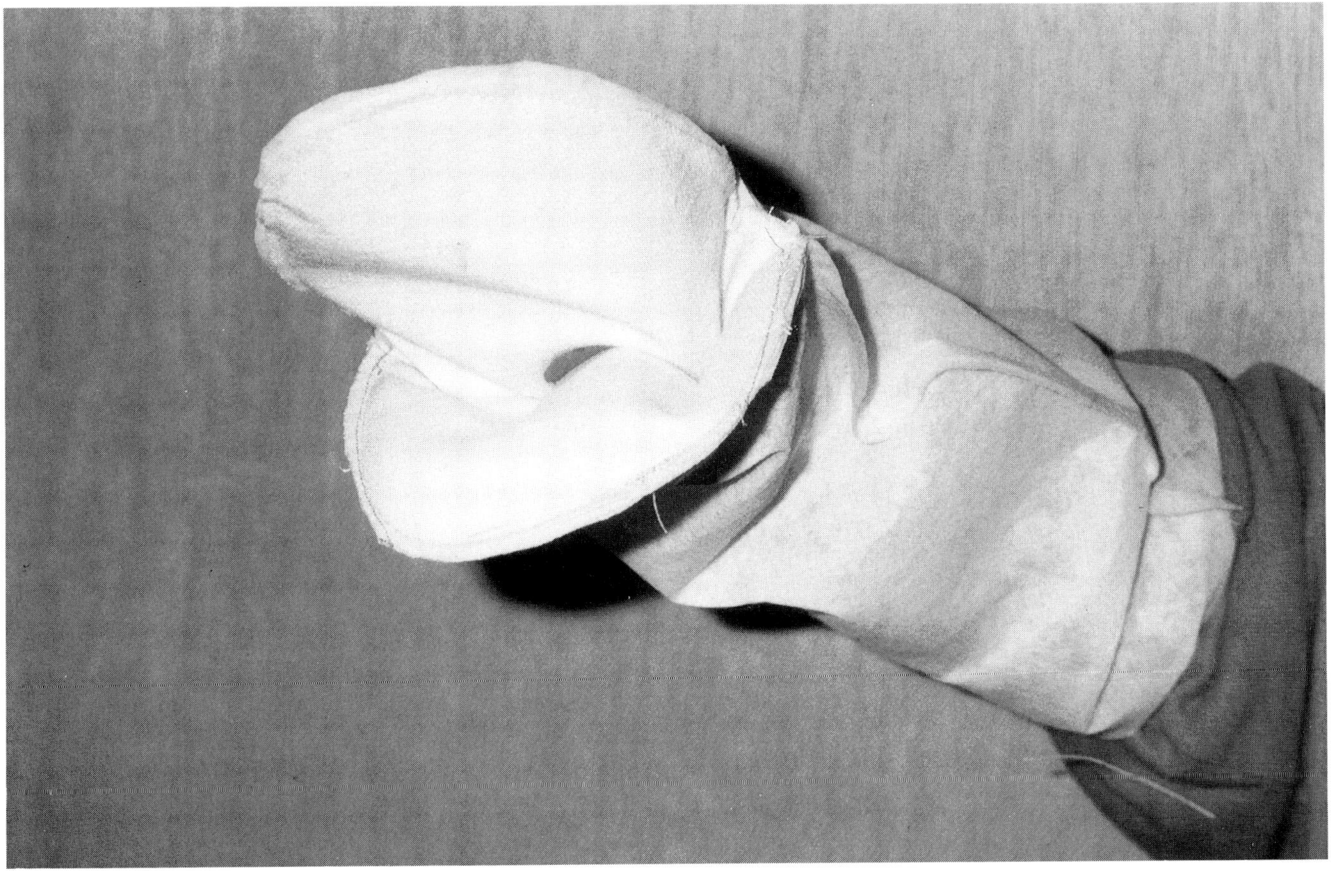

Führungsschlauch

1. Die beiden Führungsschläuche bis zur Markierung zusammennähen (an beiden Seiten).
2. Zusammengenähte Kieferteile innen in die runden Führungsschlauchenden stecken. Oben und Unten nicht verwechseln (s. Zeichen, Daumen liegt unten im kleineren Schlauchende). Knapp an den Kanten entlang abnähen.

Tip: Mache jetzt eine kleine Funktionsprobe!

3. Das Kopfteil auf links stülpen und über den Führungsschlauch stecken, Schnauze am Kopf unten auf kurzes Führungsschlauchteil!
4. Alle Teile miteinander vernähen, dabei vom Rand aus gesehen hinter die alten Nähte kommen, damit sie hinterher nicht mehr sichtbar sind.
5. Alle Teile auf rechts drehen, der Führungsschlauch hängt hinten im Nacken heraus.

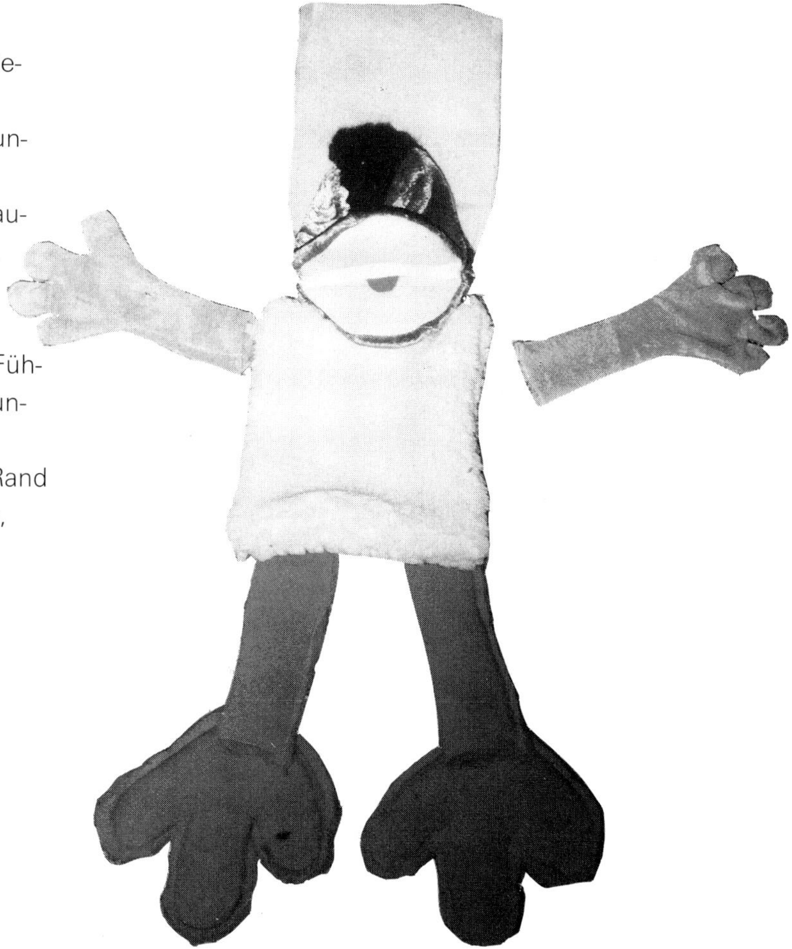

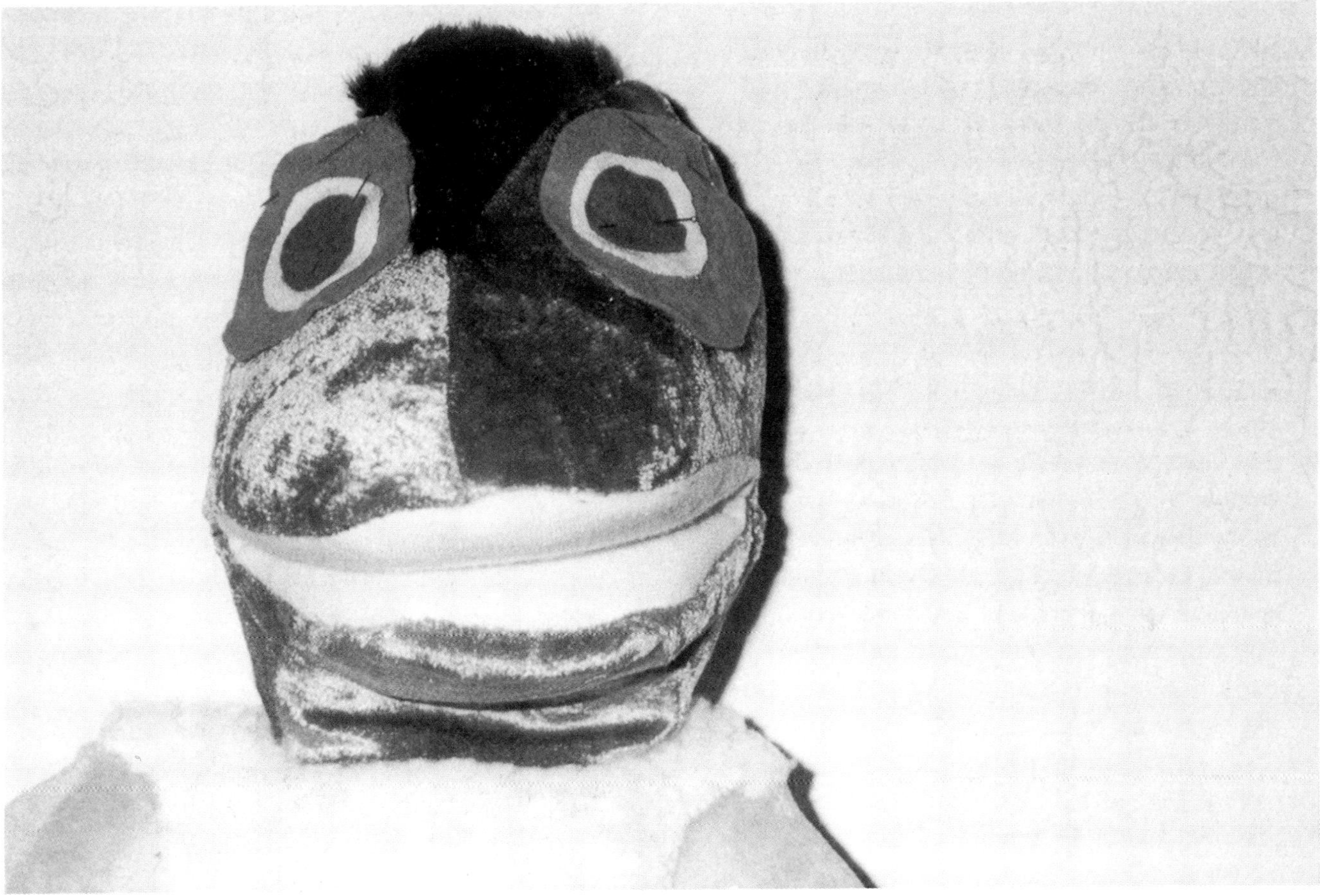

Der letzte Schliff:

1. Der Kopf wird jetzt ausgestopft. Nicht zu fest, aber immerhin so, daß er nicht beim kleinsten Knuff die Form verliert. Dabei öfter mal die Hand hineinstecken und bewegen.
2. Unterkiefer nur ganz wenig füllen.
3. Den Schlauch geraderichten und hinten an die Nackenpartie per Handnaht befestigen.

Leben und Ausdruck verleihen

1. Deine Figur ist jetzt funktionstüchtig und fast fertig.
2. Das Gesicht kannst Du am besten nach Deinen eigenen Vorstellungen gestalteten. Dafür schneidest Du für die Augen verschieden große und farbige Filzkreise und Ovale. Befestige die Augen erst einmal mit Stecknadeln und überprüfe auch die Wirkung aus der Entfernung. Wenn Du jetzt zufrieden bist, kannst Du alles annähen.

Der fertige Dinogel auf dem Foto am Anfang dieses Kapitels hat zuerst ein grünes, großes und ovales Stück Filz, ein etwas kleineres weißes und zuletzt ein kleines schwarzes Filzstück aufgenäht bekommen. Das Augenlid ist aus dem gleichen Stoff wie der Kopf, in Form eines halbierten Ovals. Die Wimpern sind aufgesteckt, ebenso die Glanzpunkte in den Augen (verleihen der Figur Lebendigkeit) und die Sommersprossen.

So, jetzt brauchst Du Deinem Dinogel nur noch passende Kleidung anzuziehen und schon kann es losgehen!

Aufwendigere Bauchrednerfiguren

Natürlich gibt es auch noch die raffiniert-ausgeklügelten Bauchrednerfiguren mit allerlei Vorrichtungen, um Mund, Augen, ja sogar alle zur Mimik wichtigen Gesichtsmuskeln bewegen zu können.

Die ersten Köpfe dieser Puppen konnten ihren Mund nur wie ein Nußknackermännchen bewegen, kennzeichnend sind die zwei Spalten zwische Unterlippe und Kinn. Heutzutage versuchen professionelle Puppenbauer diesen Effekt zu vermeiden, indem sie das Kinn aus Leder bespannen. Beim Reden zieht ein Mechanismus die Unterlippe nach unten und faltet das Leder leicht ein. Die Augen sind aus Glas und sehen dem menschlichen sehr ähnlich. Sie werden nicht direkt am Gesicht festgemacht, vielmehr durch ein Gestell mit Federn und Rückholfedern von innen gegen die Augenhöhlungen gebracht. Der Bauchredner bedient Mund und Augen unter zuhilfenahme eines Stabes, der direkt aus dem Kopf kommt, etwa auf Schulterhöhe der Figur endet und mit allerlei Hebeln und Drehmechanismen versehen ist.

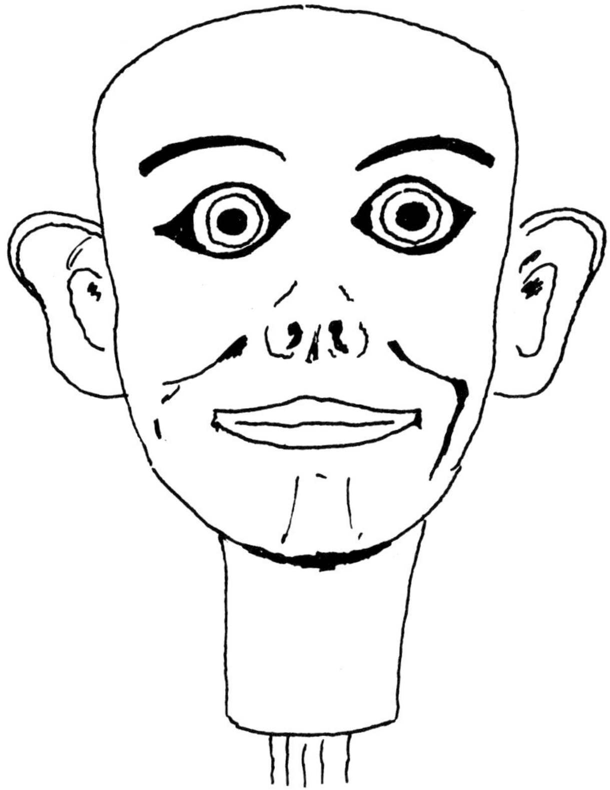

A = Ausgangsstellung

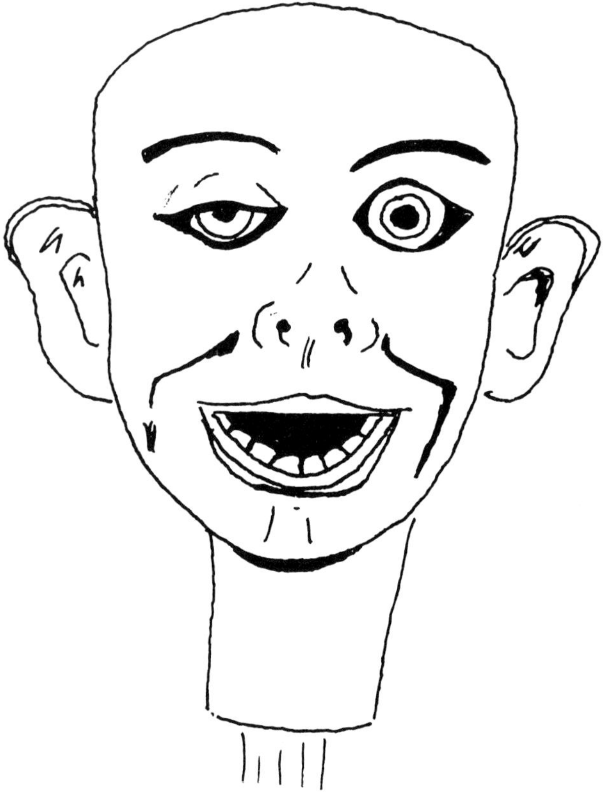

B = Reden und Augenaufschlag

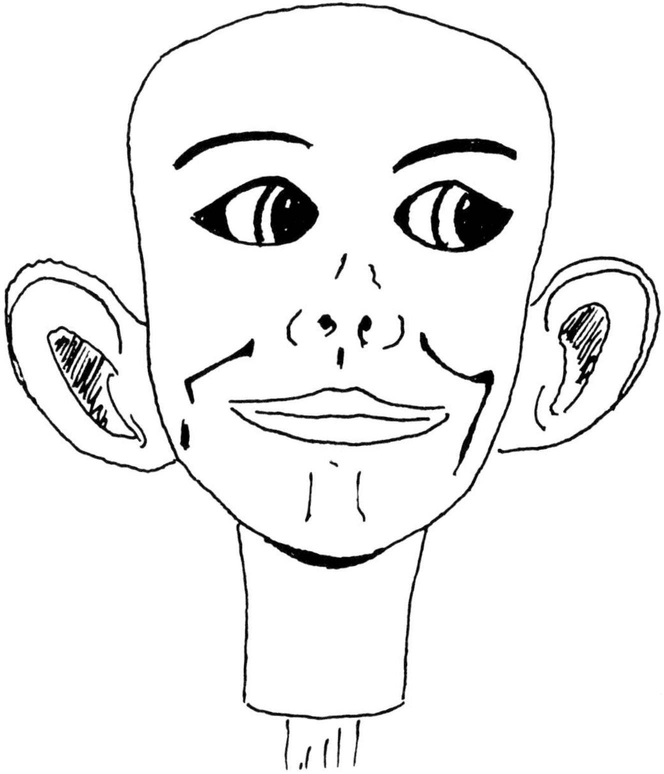

C = Augen zur Seite drehen und Ohren nach vorne schieben

Für den Anfänger in der Kunst des Bauchredens ist es sehr schwer, solch eine Puppe effektvoll zu bedienen, weshalb wir auch auf deren Bau nicht näher eingehen. Was in erster Linie zählt ist ja auch der Unterhaltungswert einer Bauchrednershow und nicht die technischen Raffinessen.

Wer trotzdem einen Blick hinter die Kulissen wagen will, dem empfehlen wir einen Blick in die Adressenliste zu werfen.

So, jetzt werden wir uns aber nicht mehr länger mit dem Puppenbau beschäftigen, denn jetzt geht es endgültig los mit den Atemübungen und schließlich mit dem Erlernen des Bauchredens. Viel Spaß!

Kapitel II

Atem und Stimmübung

Die Atmung

Eine gute Atemtechnik spielt schon für einen Schauspieler oder Sänger eine sehr wichtige Rolle, doch welche mag sie erst für das Bauchreden spielen? Der Schauspieler oder Sänger hat immer nur für eine Person Luft zu holen, nämlich für sein eigenes Sprechen oder Singen, während der Bauchredner für sich und seinen Partner atmen muß, manche haben sogar einen so langen Atem, daß sie Luft für bis zu fünf Personen haben! Und nicht nur das, diese fünf Partner müssen ja auch noch alle einen unterschiedlichen Klang der Stimme haben.

Wir können also sagen, daß in einer guten Atmung die wichtigste Lösung aller bauchrednerischen Probleme liegt.

Wie „funktioniert" eigentlich unsere Atmung?

Mit Hilfe der sogenannten Inspirationsmuskeln wird beim Einatmen der Brustkasten gedehnt und

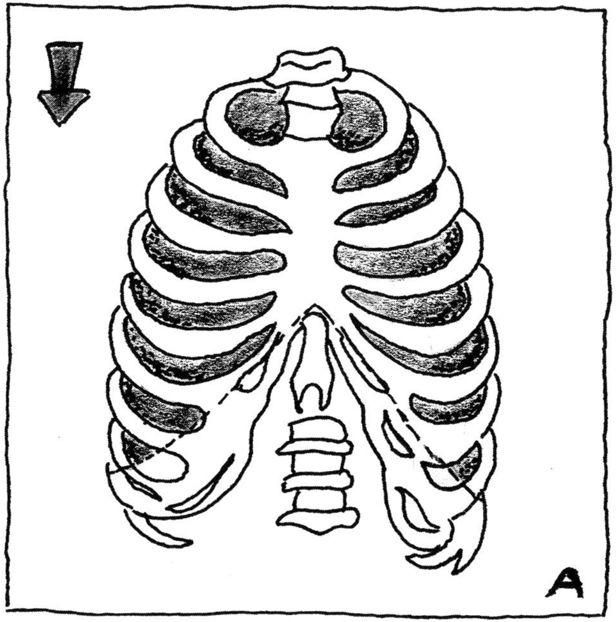

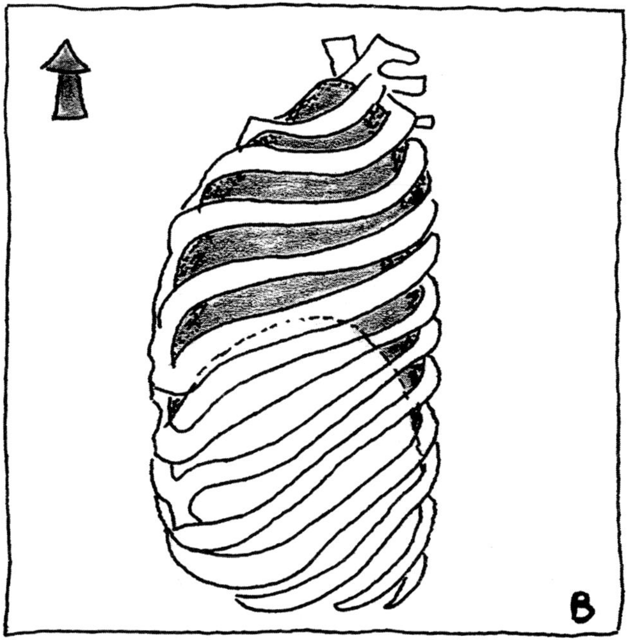

Luft in die erweiterte Brusthöhle gezogen. Wir atmen ein (Zeichnung A). das Einatmen wird als aktiver Prozeß bezeichnet.

Beim Ausatmen wird die Brusthöhle wieder verengt, den Lungen entweicht die Luft (Zeichnung B), es bleibt jedoch meistens ein Rest Luft in den Lungen. Die Ausatmung wird als passive Bewegung betrachtet.

Vielleicht ist Dir schon einmal aufgefallen, daß es drei verschiedene Möglichkeiten gibt, zu atmen. Sie unterscheiden sich nach den Bereichen, wo man sie wahrnehmen kann:

1. Die hohe Brustkorbatmung, die bis zum Schlüsselbein geht
2. Die tiefe Brustkorbatmung, die die Flanken und den Rücken einbezieht
3. Die Zwerchfellatmung, die sogenannte Bauchatmung, die es ermöglicht, daß die Lungen sich im vollen Umfange ausdehnen können.

Erste Atemübung

Lege Dich flach auf den Rücken. Deine Handinnenflächen liegen sowohl auf den untersten Rippen, als auch auf dem Bauch. Atme jetzt mehrere Male normal ein und aus, ohne jede Anstrengung oder Eile. Wenn Du eine Entspannung des ganzen Körpers fühlst, dann fange an tief und bewußt ein- und auszuatmen.

Du kannst jetzt spüren, daß die Atmung ganz Deinem Willen unterliegt. Das Ausatmen ist jetzt kein passiver Prozeß mehr. Du kannst jetzt feststellen, daß Deine Bauchmuskulatur beim tiefen Einund Ausatmen stärker beansprucht wird.

Diese Atmung brauchst Du auch zum Bauchreden.

Richtiges Luftholen für das Bauchreden

Zum Bauchreden müssen wir die richtige Zwerchfell- oder Brustatmung einstudieren, denn nur durch diese Atmung kann man die volle Lungenkapazität ausnutzen.

Zweite Atemübung:
stell Dich nun locker hin, den Kopf etwas zum Nacken gebogen. Die Arme hinter dem Rücken verschränkt. Atme tief ein und halte die Luft für kurze Zeit an. Danach langsam, aber gleichmäßig wieder ausatmen. Das Zentrum Deines Atmens sollte dabei die Zwerchfell- und Bauchgegend sein. Wenn Du jetzt wieder einatmest, dann achte auch darauf, daß die Schultern unbewegt und der Körper unverkrampft ist.

Also: tief Luft holen, 5 Sekunden anhalten und langsam, aber gleichmäßig wieder ausatmen. Wieder tief einatmen, die Luft diesmal 10 Sekunden anhalten und -ausatmen. Atme jetzt ein paarmal tief durch, ohne die Luft anzuhalten. Versuche nun, nachdem Du wieder tief Luft geholt hast, den Atem 15 Sekunden anzuhalten. Steigere Dich langsam mit dem Luftanhalten. Wie lange gelingt es Dir, Deine Luft anzuhalten?

Stell Dir beim Einatmen vor, daß sich nicht nur Deine Lunge, sondern der ganze Körper mit Luft füllt.

Eine sehr gute Möglichkeit, auf diese Übung aufzubauen ist es, sie während eines Spazierganges zu wiederholen, weil dadurch auch die Muskeln des Unterkörpers, die zum Bauchreden später benötigt werden, gleichfalls trainiert werden. Zu beachten ist auch hierbei, daß sich die Bauchgegend beim Atmen hebt und senkt, während die Schultern in ihrer Position bleiben.

Du kannst die Dauer des Luftanhaltens auch jetzt wieder steigern.

Richtige Atmung ist übrigens in erster Linie Sache des Körpergefühls und kann nicht durch intellektuelles Verstehen erlangt werden, weshalb es auch nicht reicht, etwas über Atmung zu lesen, man muß es vielmehr tatsächlich <u>üben</u>, bis man „es" kann.

Für diese letzte Übung zur Atmung brauchst Du einen Strohhalm, durch den Du ausatmen wirst. Wenn Du nämlich durch diesen Strohhalm ausatmest, dann ist das ungefähr die Menge an Luft, die später beim Sprechen entweichen sollte, wenn Du mit Bauchrednerstimme sprichst.

Dritte Atemübung
Setze noch einmal zur Zwerchfellatmung an, also tief Luft holen, Atem etwas anhalten und langsam ausatmen. Versuche jetzt durch den Strohhalm auszuatmen. Du lernst so, langsam und gleichmäßig auszuatmen.
Wiederhole dies solange, bis Du das Gefühl hast, mit dieser Art zu atmen klar zu kommen.

Sprechen lernen

So, nachdem Du einen langen Atem bewiesen hast, kommt direkt die nächste Herausforderung: Wird es Dir gelingen, mit genauso wenig Luft, wie bei der Strohhalmübung zu reden?

Lies ein paar Stellen in diesem Buch mit Deiner normalen Stimme, aber versuche so wenig Luft wie möglich dabei zu verbrauchen. Dabei sollte es sich so anhören, wie Du es von Deiner Stimme gewohnt bist, eben ganz natürlich und keinesfalls gepreßt.

Wenn Du mit Deinem Luftvorrat noch nicht ganz klarkommst, dann stell Dir einfach vor, Du müßtest eine 5-minütige Arie in der Oper singen und atme mal so viel Luft ein! (Übrigens kommt Arie von aria und das heißt Luft)

Die Stimme verstellen

Fassen wir mal zusammen, was Dir inzwischen alles gelingt: Du kannst die Lungen tief mit Luft füllen, die Luft einige Zeit anhalten und ganz langsam ausatmen. Du kannst auch reden, indem Du ganz wenig Luft verbrauchst. Das alles ist schon einmal eine gute Voraussetzung beim Bauchreden großen Erfolg zu haben. Was fehlt noch? Richtig, Du mußt auch noch Deine Stimme verstellen können. Probier doch mal mit einer hohen, piepsigen Stimme zu reden. Oder kannst Du besser eine tiefe Stimme nachmachen? Lies mal einen Text aus diesem Buch und stell Dir die Person vor, deren Stimme Du imitierst. Laß Dir für diese Übung genug Zeit. Wichtig ist nur, daß Du nicht in Deine normale Stimme „abrutschst".

Übung zur Stimmenimitation

Nimm Dir einen Comic mit Sprechblasen und überlege, welche Figur eine verstellte Stimme bekommt und welche mit Deiner normalen Stimme sprechen soll.

Kannst Du beide Stimmen sprechen und schnell wechseln? Gelingt es Dir eine Dritte einzubauen, die auch eine eigene Klangfärbung hat?

Probiere Dein Können nicht nur mit verstellter Stimme, sondern auch mit dem gelernten „langen Atem". (denk an die Strohhalmübung!)

Diese Übung soll Dir helfen mit der eigenen, aber auch mit verstellten Stimmen zu sprechen. Das schnelle Wechselspiel im Dialog wird Dir anfangs vielleicht noch schwerfallen, doch nach und nach wird es gelingen, von einem Stimmregister in's andere zu wechseln. Der schnelle Wechsel wird Dir übrigens umso besser gelingen, desto weniger Du Luftholen mußt. Das ist übrigens auch der Schlüssel zu dem Geheimnis, wieso es in einer Bauchrednershow immer den Anschein hat, als sprächen die Personen nicht nur miteinander, ja sogar durcheinander!

Probiere nun die Übergänge von der einen Stimme zur nächsten mal etwas schneller!

Kapitel III

Reden, ohne die Lippen zu bewegen

Endspurt zur Bauchrednerkarriere

So, die allerschwierigsten (und auch langweiligsten) Übungen hast Du nun hinter Dich gebracht. Gratulation!

Vielleicht bist Du schon ganz ungeduldig und möchtest endlich mit Deinem Partner einen kleinen Auftritt wagen, doch dafür ist es leider noch etwas zu früh. Jetzt solltest Du Dich erst einmal mit einer Technik vertraut machen, an der man jedes Bauchrednertalent messen wird: Die Rede ist von der Kunst zu reden, ohne die Lippen zu bewegen!

Als Einstieg kannst Du schon einmal ein kleines Suchspiel machen: Sprich mal jeden Buchstaben des Alphabets einzeln aus und beobachte Deine Lippenbewegung mit einem Spiegel. Los geht's...

So jetzt das Ganze noch einmal. Versuche nun, die Lippen so wenig wie möglich zu bewegen. Dabei kannst Du die Buchstaben, mit denen Du keine Probleme hast in die obere Tabelle eintragen, die Problembuchstaben, bei denen sich eine Lippenbewegung nicht vermeiden läßt, trägst Du unten ein. Wenn Du das ABC durchgehst, dann lasse Deinen Mund etwas geöffnet, die Zähne liegen dabei nicht aufeinander, es ist in etwa die Stellung, als wenn man mit leicht geöffnetem Mund lächelt.

A	C	D	E	X	G	H	I	J	K L	N	O	Q R	S	U T	Y*	Z

Buchstaben, die Du problemlos ohne Lippenbewegung aussprechen kannst.

B	M	P	V	W	F

Buchstaben, bei denen sich eine Lippenbewegung nicht vermeiden läßt.

*Wenn man „Ypsilon" sagt, kommt da zwar ein „P" vor, das Ypsilon wird aber entweder wie ein „Ü" ausgesprochen (z.B. Gymnastik), oder, wie im Englischen als „I" (z.B. Baby).

Bevor wir uns nun an die Problembuchstaben heranwagen, können wir einen leichten Zwischenschritt machen: Das Üben von Texten ohne Problembuchstaben. Das kannst Du mit dem folgenden Gedicht einstudieren, am besten direkt vor dem Spiegel, dann weißt Du auch, ob es klappt. Übrigens kommt es jetzt auch darauf an; nicht nur die Lippen ruhigzuhalten, sondern auch den Unterkiefer. Gehe in die „Gesichts-Ausgangsstellung" (Ansatz zum Lächeln bei leicht geöffnetem Mund):

Übungstext, ohne Lippenbewegung lesen:
Es jagte der Hund ein Känguruh
– die Zuschauer schauten staunend zu.
Das Känguruh konnte sich schnell retten,
Egal – der Hund lag eh' an Ketten.

Nach einigen Versuchen wird es Dir garantiert gelingen, die vier Zeilen ohne Lippenbewegung zu sprechen. Laß Dir ruhig Zeit und vor allen Dingen: Bleibe völlig unverkrampft!

Danach kannst Du probieren, das Gedicht mit verstellter Stimme zu sprechen, ohne Lippenbewegung natürlich.

Und jetzt, bist Du bereit Dein Können zu testen? Versuche folgende Aufgabe zu lösen:

- Lies die Känguruh-Zeilen (die 1. und 3. Zeile) mit Deiner normalen Stimme und mit Lippenbewegung.
- Lies die anderen beiden Zeilen mit verstellter Stimme, ohne Lippenbewegung
- Atme tief ein, so daß Du die vier Zeilen in einem Atemzug durchlesen kannst.

Auswertung:
Zur Auswertung dieser Ubung solltest Du Dich ehrlich fragen, ob es Dir gelungen ist, die 2. und 4. Zeile ohne Lippenbewegung zu lesen.

Die Problembuchstaben

Nun bist Du mit Deinem Wissen und Können schon ganz schön weit gekommen. Man kann sagen, daß Du die „Gesellenprüfung" in der Kunst des Bauchredens soeben bestanden hast, aber wer jetzt Meister werden will, der muß mit Fleiß und Ausdauer üben, üben und nochmals üben. Kurzum: Jetzt wird's schwer, denn wir wagen uns an die Problembuchstaben. Vorab zum Werkzeug, das Du nun bereit halten solltest: den Spiegel aus den vorangegangenen Übungen und zum Schluß noch ein guter Tip mit auf den Weg: Sprich laut und betone jede Silbe gut!

Problembuchstabe B oder:
Bürsten aus Biberborsten bürsten besonders gut

Nun versuch das mal ohne Lippenbewegung zu sprechen, das wäre eine ziemliche Zumutung, oder? Das B ist eben ein harter Brocken. Beim Bauchreden kannst Du aber das B in den Mund verbannen, um die unerwünschte Lippenbewegung zu vermeiden. Und das geht so:

Wenn Du den Buchstaben D aussprichst, dann befindet sich Deine Zuge oben am Gaumen. Versuche nun ein klangloses D auszusprechen, es hört sich in etwa wie ein B an. Wenn Du also ein B aussprechen willst, dann nimmt Deine Zunge die D-Stellung ein, Du sagt aber nicht „D", sonst würde Bach wie Dach klingen.

Probiere es einmal mit „besonders" und betone „sonders" stark, dann hört sich „desonders" eigentlich ganz normal an.

Wenn sich die „Bürsten aus Biberborsten" trotz dieser Methode ganz und gar unmöglich anhören, so wollen wir das mal so stehenlassen. Wichtiger ist es, die gewohnte Lippenbewegung einzustellen und durch die Zungenbewegung zu ersetzen. Immerhin ist die Macht der Gewohnheit hier ein größeres Problem, als der Buchstabe „B". Lies doch einmal die ganze Seite, ohne Dich dabei zu ertappen, das „B" mit Lippenbewegung auszusprechen!

Problembuchstabe P oder:
Unter Pappeln ist der Pilze knapper Platz

Das P ist, genauso wie das B, ein Laut der durch das Verschließen der Lippen eingeleitet wird, also ein sogenannter Verschlußlaut. Und genauso, wie das B an die Stelle von D in den Mund verbannt wird, so wird das T zum Stellvertreter für P.

Ein T hört sich gesprochen nicht so hart wie ein D an, und ein P nicht so hart wie ein B.

Nimm Dir mal die „Pilze" und übe für das „P" die T-Zungenstellung.

Wenn Du jetzt „Pilze" aussprichst und es hört sich nicht wie „Tilze" an, dann hast Du schon den richtigen Ton getroffen.

Problembuchstaben F und V, oder
Viele Giraffen finden: Höhenluft hält fit.

Vielleicht wirst Du jetzt erleichtert feststellen, daß Dir dieser Satz gar keine Schwierigkeiten bereitet, ihn ohne Lippenbewegung auszusprechen, aber Vorsicht: Du hattest wahrscheinlich Deine Lippen nicht sehr weit geöffnet, so daß die Luft, die sich auch beim normalen Sprechen an den Lippen reibt und so den für das „F" typischen Reibungslaut bildet, wie gewohnt entweichen konnte. Sprich den Satz nochmal, mache Deinen Mund einen guten Zentimeter weiter auf. Was nun?

Versuche einmal die Luft zwischen den oberen Schneidezähnen hindurchzublasen, dabei geht Deine Zungenspitze automatisch nach oben. Das Geräusch, das die Luft beim Ausstoßen durch die Zähne erzeugt, sollte sich in etwa wie ein „F" anhören.

Sprich das Wort „Luft" solange, bis es sich nicht mehr wie „Lust" anhört. Jetzt kannst Du den „Giraffensatz" so lange üben, bis er sich verständlich anhört.

Meinungsumfrage:

Wie immer an dieser Stelle, machen wir jetzt eine Meinungsumfrage.

Wie geht es Dir, wie fühlst Du Dich? Macht es immer noch Spaß, das Bauchreden zu lernen? Bitte kreuze Zutreffendes an !

- ☒ Das ist alles enorm spannend, ich möchte jetzt ganz dringend die letzten zwei Problembuchstaben kennenlernen!
- ☐ Bis vor kurzem fand ich Bauchreden noch ganz interessant, aber das mit den Problembuchstaben ist ja zum Mäuse melken!

Sehr gut, Du hast das Kreuz an der richtigen Stelle gemacht und möchtest jetzt unbedingt etwas über den Problembuchstaben ‚M" erfahren. Na gut:

Problembuchstabe M, oder
Manche Mäuse mögen Magermilch.

Stell Dir mal Dein Leibgericht vor und sage „Mmh", dabei geht die Luft durch die Nase. Um die Lippenbewegung beim „M" zu vermeiden, führst Du Deine Zunge bei geöffnetem Mund vorne an den Gaumen und sprichst ein „M" wie „Mmh".

Falls Dir das schwerfällt, gibt es noch eine Möglichkeit, mit dem „M" klarzukommen: Wenn Du wie eine Kuh „Muh" sagst, dann bleibt die Zunge unten im Mund liegen, etwas nach hinten gezogen.

Für das „M" ist die Stellung der Zunge gar nicht so wichtig, wie bei den vorangegangenen Buchstaben. Entscheidend ist vielmehr, daß der Laut beim Entweichen der Luft durch die Nase gebildet wird.

Wenn Du nun das „M" übst, dann solltest Du es immer etwas überbetonen, das heißt länger schwingen lassen, damit es sich nicht wie ein „N" anhört. So, wie ein geschriebenes „M" ein „Füßchen" mehr hat, als ein „N", mußt Du es beim Sprechen etwas länger ziehen.

Problembuchstabe W, oder
Weiße Wachteln watscheln im Wald.

Für diesen letzten Problembuchstaben gibt es auch wieder zwei Lösungswege: Erinnere Dich an den Buchstaben „F", wo Du die Luft zwischen den oberen Zähnen und der Zunge entweichen ließt. Versuche nun, das „W" genauso auszusprechen, aber schlage mit der Zunge leicht gegen die Zähne, etwa so, wie ein Gitarrenspieler eine Saite anschlägt.

Die andere Möglichkeit, das „W" ohne Lippenbewegung hinzukriegen wäre die, es stimmlos auszusprechen, nur durch Mundraum, so wie man im französischen „oui" sagt.

Zusammenfassung:

So, das waren die Problembuchstaben b, f, m, p, v und w. Du hast jetzt gelernt, wie man sie umgeht, indem man mit folgenden „Tricks" arbeitet: Für B und P nimmt die Zunge am Gaumen die gleiche Stellung wie bei D und T ein. Bei F, V und W wird die Luft durch die Zähne gepreßt und das M wird zum langschwingenden Nasallaut.

Nun, leider ist es hiermit noch gar nicht getan, im Gegenteil: Jetzt geht die Schufterei erst richtig los. Jetzt kommt zu allem Übel noch das Üben. Um einen kleinen Einstieg zu geben, haben wir hier einen Übungsdialog, wobei die Problembuchstaben unterstrichen sind. Am besten betonst Du beim Sprechen jede Silbe einzeln und zwar laut und deutlich. Prüfe Dich im Spiegel!

Es treffen sich zwei Tiere im Wald,
sie unterhalten sich:

A: Puh, es ist so finster, ich kann dich kaum erkennen.
B: Ja, finde ich auch.
A: Willst Du mir sagen, was für ein Tier Du bist?
B: Ich bin ein Wolfshund
A: Du bist ja verrückt!
B: Nein mein Vater war ein Wolf, und meine Mutter ein Hund.
A: Ah, ich verstehe.
B: Und was für ein Tier bist Du?
A: Ich bin ein Ameisenbär.
B: Pah, Du Angeber!

Na ja, da sind schon ein paar ganz schön harte Brokken dabei, aber Du weißt ja: Übung macht den Meister. Probiere es ein paarmal, bis es einigermaßen klappt, dann kannst Du den Dialog auch mal mit verstellter Stimme lesen. Es hängt jetzt nur noch von

Deiner Geduld ab, wie perfekt Du es schaffen wirst zu reden, ohne die Lippen zu bewegen. Um ein wahres Bauchrednertalent zu werden, muß Dir die Problembuchstabenregelung in Fleisch und Blut übergehen. Ja, wir wünschen Dir, daß Du es einmal so automatisch kannst, daß Du gar nicht mehr darüber nachdenken mußt. Ganz so, wie man beim Radfahren das Gleichgewicht hält.

Kapitel IV

Witze finden – wann lacht das Publikum?

Woher die Witze nehmen?

Im letzten Kapitel hast du das Reden ohne Lippenbewegung gelernt. Einen geeigneten Partner hast Du Dir sicher schon gebastelt, jetzt ist es an der Zeit allen zu zeigen, daß Ihr auch zusammengehört. Vielleicht habt Ihr schon ein wenig miteinander geplaudert? Du hast bestimmt schon einmal eine bekannte Bauchrednerpersönlichkeit im Fernsehen gesehen und dabei festgestellt, daß da ein Witz den anderen gejagt hat, doch wo findet man die geeigneten Witze?

Auf Witzsuche

Bitte alle Verwandte und Bekannte, alte Illustrierte für Dich aufzuheben, oder schau Dich mal auf den Altpapier-Sammelstellen um. Dann reißt Du einfach alle Witz- und Comicseiten raus, der Rest sollte wieder zum Altpapier wandern.

Jetzt kannst Du in aller Ruhe die Witze nach folgenden Gesichtspunkten aussortieren und ausschneiden:

- ➢ Du kennst den Witz noch nicht (was nicht heißt, daß andere ihn nicht schon tausendmal gehört haben, aber das macht auch nichts)
- ➢ der Witz gefällt Dir, er entspricht in etwa Deinem Humor (es reicht manchmal schon, wenn er eine gute Pointe hat)
- ➢ es sollte ein Dialog vorgegeben sein

Ein Beispiel:
Ober zum Gast: „Hat es Ihnen geschmeckt?"
Gast: „Ich hab' schon besser gegessen."
Ober: „Aber nicht bei uns!"
Das wäre so der 08/15-Standard eines Illustrierten-witzes, der später in Deiner Show so klingen kann:

Du: „Neulich war ich im Restaurant"
Puppe: „Und, war das Essen gut?"
Du: „Das hat der Ober mich auch gefragt"
Puppe: „Was hast Du ihm geantwortet?"

undsoweiter, undsofort. Wir werden später sehen, wie die Witze sinnvoll verarbeitet werden.

Wie witzig ist ein Witz?

Wie schon erwähnt, sollte der Witz Dir erst einmal selber gefallen, denn wie willst Du Dein Publikum zum Lachen bringen, wenn Du selbst Deinen Witz nicht einmal zum Schmunzeln findest?

Der Witz sollte niemals irgendwelche Personengruppen diskriminieren, z.B. behinderten-, ausländerfeindlich oder sexistisch sein. Es empfiehlt sich auch nicht, das Publikum anzugreifen oder anzupöbeln, oder gar einen einzelnen Zuschauer vor dem ganzen Publikum bloßzustellen, etwa so:

Puppe: Guck mal, die Frau da mit dem roten Kleid!
Du: „Ja, ich sehe sie, was ist mit ihr?"
Puppe: „Die hat doch in Deiner letzten Show den Hauptpreis gewonnen."
Du: „Was war denn der Hauptpreis?"
Puppe: „Soviele Waschmaschinen, wie sie tragen kann!"

Wenn das Publikum jetzt lacht, dann in erster Linie auf Kosten dieser Frau. Das ist keine feine Art, Witze zu machen. Vielleicht brauchst Du zu einem späteren Zeitpunkt mal einen Freiwilligen aus dem Publikum. Wetten, daß sich keiner findet -aus Angst davor, bloßgestellt zu werden.

Aber warum haben wir diesen Witz dann überhaupt hier erzählt? Immerhin kann es Dir später einmal passieren, daß Dich jemand aus dem Publikum mit Zwischenrufen nervt. Du spürst dann ganz besonders, wie allein Du auf der Bühne bist, aber denke daran, Du hast ja immer noch Deinen Partner und jede Menge Sympathisanten im Publikum, die ja alle gekommen sind, um unterhalten zu werden. Wenn der Störenfried hartnäckig ist -nun, dann laß ihn doch mal den „Hauptpreis" gewinnen. Das kann Dein Partner ja erledigen.

Bitte beachten:
Wenn in Deiner Show jemand geärgert oder geneppt werden soll, dann mußt Du das auf Deine Kappe nehmen, oder Du machst Dich über Deinen Partner lustig, der wiederum frech kontert – auf Deine Kosten dann.

Kapitel V

Du und Dein Partner

Das komplizierte Seelenleben unseres Partners

Die eingangs erwähnten, mehr oder weniger lustigen Witzchen werden jetzt noch einmal untersucht, und zwar unter dem Gesichtspunkt, wer welchen Dialogtext bekommt, oder zu wem die Pointe am Schluß am besten paßt.

Ein klassischer Bauchredner-Typ wäre zum Beispiel: streng, vielleicht etwas rechthaberisch, überlegene Figur, die erlaubt und verbietet, läßt den moralischen „raushängen".

Der Puppencharakter könnte folgender sein: unterlegen, aber spitzfindig und keck, schlagfertig - dabei kindlich-naiv, vielleicht etwas altklug.

Beim Puppenbauen hast Du Deinem Partner wahrscheinlich schon längst einen Charakter gegeben, hier haben wir noch einige „Charaktertypen":

Der Zankapfel

widerspricht ständig, ist zänkisch und aggressiv, macht abfällige Bemerkungen zu allem und jedermann.

Der Schlauberger

ist gebildet und intellektuell, muß immer alles genau wissen, stellt Fragen und gibt seinen Lebensweisheits-Senf überall dabei, scheitert aber an den alltäglichen Kleinigkeiten.

Die Schnapsdrossel

redet im feucht-fröhlichen Tonfall, weil angetrunken, wird ab und an sentimental vor lauter Weltschmerz, hört überhaupt nicht zu und gibt lallend seine Kommentare zu Sachen, die nicht gefragt sind.

Der Schnapsdrossel-Gesang
ist das Rülpsen. Hier der Trick, wie Du das Rülpsen nachmachst: Zuerst öffnest Du Deinen Mund und sprichst ein langes gedehntes A-A-H, im tiefen aber entspannten Ton, dann nimmst Du, während Du A-A-H sagst langsam an Volumen und Lautstärke zurück, bis Du nur noch eine Reihe von klickenden, kurzen Brutzellauten hörst. Und nun zum Rülpsen:

1. Mache ein paar Brutzellaute
2. dabei läßt Du ein lautes „Öh" rausplatzen, den Mund weit geöffnet; sage noch schnell „RÖHB" hintendrauf

Charakter und Stimme

Der Charakter hat selbstverständlich auch Einfluß auf die Stimme, was Du stets bedenken solltest. Eine zänkische Stimme ist meistens hoch und schrill, ein gebildeter Mensch, der seine Worte sorgfältig wählt, spricht langsam, usw.

Vielleicht kannst Du Deinem Partner auch ein für sein Wesen charakteristisches Lachen geben?

Laß Deiner Phantasie bei der Charakterwahl einfach freien Lauf,

Du solltest lediglich berücksichtigen, daß die Äußerlichkeiten der Puppe bei der Charakterwahl eine Rolle spielen können und daß Dein Partner, wenn er kleiner ist als Du, beim Sprechen zu Dir hinaufschauen muß.

Wichtige Anmerkung:

Beim Bauchreden hast Du die größten Erfolge, wenn der Charakter des Partners im Mittelpunkt steht.

Ein paar Tips zur Stimm-Imitation

1. die Männerstimme

Die Stimme eines Mannes sollte – falls möglich – derb und rauh klingen. Der Ton wird ganz unten in der Kehle gebildet, etwa da, wo sie beim Schlucken sitzt.

2. Die Frauenstimme

Um die Frauenstimme zu üben, solltest Du das Wort „Quäk" üben, wobei das „ä" durch einen Nasalton gebildet wird. Beim Reden drückt die Spitze der Zunge gegen den Gaumen, die Worte werden durch die Nase ausgesprochen.

3. Kinderstimme

Die Stimmen kleiner Mädchen und Jungen kommen der Frauenstimme sehr nahe, sollten jedoch noch höher sein. Am besten man lauscht den Tonfall Kindern einfach ab und ahmt sie so nach. Die Stimme des Mädchens kann sanfter sein, als die des Jungen.

Weiter in Sachen 'Witz'

Nach diesem kleinen Abstecher zur Stimbildung (mehr davon kommt später noch), geht es wieder zurück zu den Witzen. Hier ist nochmal ein gewöhnlicher Witz, den wir jetzt Stück für Stück bearbeiten:

„Was möchte Ihr Sohn denn einmal werden, Frau Meier?"
„Er will zur Müllabfuhr."
„Wieso denn gerade das?"
„Er bildet sich ein, die arbeiten nur mittwochs."

In diesem Witz reden zwei Personen miteinander Über eine Dritte, nämlich den Sohn. Der Sohn-Part kann aber direkt von Deiner Puppe übernommen werden, dann klingt es so:

Du: „Was willst Du denn später mal werden?"
Puppe: „Ich will zur Müllabfuhr."
Du: „Wieso denn gerade das?"
Puppe: „Weil die doch immer nur mittwochs arbeiten."

Beim Reden ohne die Lippen zu bewegen, hast Du schon im letzten Kapitel bemerkt, daß es mit den Buchstaben b, f, m, p, v und w Probleme gibt, die nur mit sehr viel Mühe überwunden werden können. Schauen wir uns die Worte Deiner Puppe einmal an und unterstreichen die Problembuchstaben:

P.: „Ich will zur Müllabfuhr."
P.P „Weil die doch immer nur mittwochs arbeiten."

Du siehst, es gibt zehn Probleme. Zwei werden wir sofort quitt, denn warum soll die Müllabfuhr mittwochs arbeiten (als wenn wir nicht schon genug Sorgen hätten)?

Laß sie dienstags arbeiten, dem Witz schadet es jedenfalls nicht. Achte mal darauf, was sich sonst noch alles machen läßt. Unser Text sieht jetzt so aus:

P.: „Ich denke, ich gehe zur Müllabfuhr."
P.: „Nun, die arbeiten doch nur dienstags."

Der Sinn des Textes ist der selbe geblieben, sechs Probleme weniger.

Ist es nicht ärgerlich, daß in „Müllabfuhr" direkt drei stecken? Könnte man nicht Stadtreinigung sagen?

Nein, denn die Puppe mit ihrem kindlichen Gemüt redet viel lieber, wie ihr der Schnabel gewachsen ist. Selbst ein Erwachsener sagt doch eher „Müllabfuhr", auch wenn er die städtische Abfallentsorgung meint!

Die Endgültige Lösung aller Probleme
Früher ließen sich Bauchredner dicke Schnurrbärte wachsen, nahmen sich Tücher vor den Mund oder drehten ihr Gesicht zur Seite, um über Problembuchstaben hinwegzukommen.

Was meinst Du, ist das sehr glaubhaft?

Jetzt haben wir eine Lösung, ganz ohne die gefürchteten Buchstaben gefunden:

Du: „Was willst Du denn später mal werden?"
Puppe: „Ich denke, ich gehe zur... (denkt)...(zu Dir gewandt) sag doch..."
Du: „ja, sag mal, zu wem gehst Du denn?"
Puppe: (genervt) „Na, die die Tonnen leeren..."
Du: „Ach, Du meinst die Müllabfuhr?"
Puppe: „ja, genau!"
Du: „Aber da mußt Du ja ganz schön schuften"
Puppe: „Sicher, doch nur dienstags!"

Eine Lösung mit Haken

Wir haben hier zwar schon einen Dialog, mit dem wir arbeiten können, vorausgesetzt, Du lernst ihn erst mal haarklein auswendig. Die Methode hat ihr Gutes - man kann Dich garantiert nicht dabei erwischen, daß Du die Lippen bewegst. Deine Show könnte aber etwas starr und unspontan wirken, und was passiert, wenn Dein Partner mal einen Zwischenruf aus dem Publikum erwidern soll?

Bewegung des Mundes

In diesem Abschnitt werden wir uns damit befassen, wie und wann der Mund der Puppe zu öffnen und zu schließen ist, damit es möglichst echt aussieht.

Um die richtige Mundbewegung einstudieren zu können, brauchen wir einen Text:

Du: „Was willst Du später einmal werden?"

Oh nein, Gnade! wirst Du jetzt sicher denken, nicht schon wieder diesen dummen Witz. Aber keine Sorge: Dein Partner hat sich einen neuen Beruf ausgedacht:

P.: „Ich werde Übersetzer."
Du: „Fein, welche Sprache denn, Englisch, Französisch... ?"
P.: „Nein, Fährmann auf dem Rhein!"

Und nun zu der wichtigsten Bewegung Deines Partners: Du hast ja inzwischen gelernt, ohne Lippenbewegung zu reden, was aber nicht heißt, daß Dein Partner die Klappe halten soll. Genaugenommen sogar soll das Gesagte - wie bei einer guten Synchronisation eines Filmes - mit der Mundbewegung der Person, die da spricht - also die Deines Partners übereinstimmen, damit es echt wirkt.

Übung zur Mundbewegung
Nimm Dir wieder den Spiegel und verfolge das Öffnen und schließen Deines Mundes, indem Du laut und deutlich sagst: „Ich werde Übersetzer"

Wahrscheinlich wirst Du als erstes feststellen, daß Du Deinen Mund beim Reden gar nicht so weit öffnest, wie Du es zum Beispiel beim Essen machst.

Also sollte auch Dein Partner beim Sprechen den Mund nur leicht öffnen.

Zum anderen kannst Du beobachten, daß Du meistens Deine Mundform veränderst , um eine neue Silbe zu bilden. Das kannst Du direkt nachprüfen, indem Du noch einmal sagst: „Ich werde Übersetzer".

Zweite Übung zur Mundbewegung

Laß jetzt Deinen Partner sprechen. Du schließt den Mund Deiner Puppe an den Stellen, wo die Striche sind:

„Ich - wer-de - Ü-ber-set-zer".

Lies auch diesen Satz einmal laut und achte im Spiegel auf Deine Lippenbewegung:

„Nein, Fährmann auf dem Rhein."
Und jetzt mit Partner, wie oben verfahren:
„Nein - Fähr-mann - auf - dem - Rhein."

Gut. Probiere jetzt mal den ganzen Sketch. Falls das alles noch nicht ganz zu Deiner Zufriedenheit klappt, dann nimm Dir ruhig mal einen längeren Text vor. Lies ihn zusammen mit Deinem Partner, indem Du jede Silbe einzeln betonst und dabei den Mund Deiner Puppe öffnest und schließt.

Deine Körperhaltung ...

... sollte immer unverkrampft sein, auch wenn das leichter gesagt als getan ist. Die größte Aufmerksamkeit zieht Dein Partner zwar auf sich, aber einiges solltest Du trotzdem beherzigen:

- ➢ suche den direkten Blickkontakt, wenn Du mit Deinem Partner redest, oder mit dem Publikum.
- ➢ zeige Deine Gefühle. Wenn Dein Partner Dich 'reinlegt, dann wirke auch betroffen, wenn er einen guten Witz macht, lache mit ihm zusammen.
- ➢ halte Dich trotz alledem im Hintergrund und bleibe sparsam mit ausladenden Gebärden.

... und die Deines Partners

Obwohl Deine Puppe in Deiner Show im Mittelpunkt steht, sollten ihre Bewegungen deshalb nicht unnatürlich oder überladen wirken. Alles, was natürlich wirkt, kommt am besten an, weil es die Illusion weckt, es sei echt.

Auch wenn Du inzwischen perfekt reden kannst, ohne die Lippen zu bewegen, so sagt manchmal ein guter Gesichtsausdruck mehr als tausend Worte...

In diesem nächsten Sketch mit Bildern kannst Du mit Hilfe der Zeichnungen schon etwas zur Mimik und Gestik der Figur finden, aber vielleicht hast Du selbst noch viel bessere Ideen.

Das Lachen kann vom leichten Glucksen bis hin zum Schütteln des ganzen Körpers reichen, Du kannst Deinem Partner auch Freudentränen abwischen.

Betroffenheit oder Nachdenklichkeit zeigst Du am besten, wenn der Kopf der Figur leicht gebeugt ist, seine Augen einen imaginären tiefen Punkt fixieren, auch wenn es da nichts zu sehen gibt.

Falls Deine Puppe keine beweglichen Augen hat, so sollte ihre Nase immer auf die Stelle zeigen, wohin sie gerade blickt. Wenn Dein Partner traurig ist, dann lasse ihn herzzerreißend schluchzen, oder seinen Kopf in Deinem Schoß vergraben.

Naseputzen
Um ein künstliches Naseputzen zu produzieren, probiere mal folgendes:

1. Die Zungenspitze liegt unten auf dem Gaumen, die Zungenmitte berührt den Gaumen oben.
2. Die Luft ausstoßen, sie geht dabei unter der Zunge hindurch, dabei vibriert die Zunge gegen den Gaumen.

Hat Dein Partner etwas neugierig zu entdecken, dann schweift sein Blick erst einmal darüber hinweg, er stutzt - und schließlich geht sein Kopf den gleichen Weg zurück bis zu der Stelle, die seine Aufmerksamkeit erregt hat.

Ein Auftritt mit Partner

Stell' mir eine Frage!
Mh,...
Sind Bienen Insekten?
Also, in der Kirche hab' ich sie noch nicht gesehen!
Sehr witzig...
Kennst Du Dich mit Pilzen aus?
Na klar!
Es gibt welche, die immer so zu mehreren im Wald stehen...
Weiß ich doch!
aber sag mir, wie heißen die, die immer einzeln für sich stehen?

Glückspilze!
Oh je, Du weißt ja gar nichts!
Ach ja?
Welches Medikament, zum Beispiel, gibst Du einer Katze, wenn sie Magenschmerzen hat?
Egal, sind doch eh alle für die Katz'!
Darf ich Dich auch 'mal was fragen?
Ja, bitte!
Ich habe Streichhölzer, die nicht funktionieren...

Wo ist das Problem?
Ich weiß nicht...
...gestern gingen sie noch!
Von Deinen Witzen bekomme ich Alpträume.
Oh ja, erzähl' mir, was Du letzte Nacht geträumt hast!
Ich träumte, ich wäre über Scherben gelaufen...
Sag' mal,... mußt Du immer barfuß schlafen?
Jetzt reicht's mir! Sei nicht so frech, sonst gehst Du heute früher schlafen!

...und das Fußballspiel im Fernsehen, heute abend?
Ja, aber nur eine Halbzeit!
Fein, dann gucke ich die Zweite!
Ich muß aber morgen sehr früh aufstehen.
Wieso?
Weil ich zum Friseur muß. Mit Grauen gehe ich dahin...
Kenn' ich, kenn' ich! Und mit Roten kommst Du zurück!
Weißt Du, was Du für mich bist?

Nein, was denn?
Ich will es gar nicht aussprechen...
Ach bitte, sag's mir doch...
Du bist für mich der Unterste...
...der Bremer Stadtmusikanten!
Darüber kannst Du lachen?
Ja!
Aber Deine letzte Show war das Allerletzte!

Erinner' mich nicht daran...
Das Publikum war sehr böse mit Dir!
Mh,...
Sie haben mit Tomaten und faulen Eiern nach Dir geworfen!
Also bitte, es waren nur Tomaten.
...aber in Dosen!
Jetzt ist Schluß. Du kannst Dir für Deine Witze einen Dümmeren suchen!
Oh Mann, das wird schwer...
EB

Kapitel VI

Geschichte des Bauchredens

Pythia im Tempel von Delphi

Der erste Bauchrednerbauch gehörte einer Frau

... und zwar der geheimnisvollen Priesterin „Pythia" im Antiken Griechenland. Man vermutet, sie habe in einem Tempel auf einem dreibeinigen Schemel gesessen und einem ratsuchendem Publikum weisgesagt. Heute spricht man in diesem Zusammenhang übrigens von dem Orakel von Delphi.

Mystik oder Bauchredekunst? Fest stand jedenfalls damals schon, daß unter Zuhilfenahme der „umschleierten" Gesetzen der Akustik manipuliert werden konnte. Die „Täter" konnten ihren Zuhörern neben Ehrfurcht auch gehörig Angst und Schrecken einjagen. Das fand zum Beispiel auch der Wächter eines Schatzes am Fluß Pactolus, ebenfalls im Antiken Griechenland, der mit seiner Stimme den Eindruck erweckte, als würde ein Stein Trompetentöne von sich geben. Immerhin konnte er so einmal Räuber vertreiben, die es auf seinen Schatz abgesehen hatten.

Das Trompetenspiel

Willst Du wissen, wie man Trompetentöne nachmacht? Es ist gar nicht so schwer und geht so:

1. Versuche mit hoher Stimme ein „ä" zu sprechen, wie es z.B. in „Krähe" vorkommt, das „ä" sollte dabei im Nasenraum gebildet werden, dazu mußt du die Zunge hinten im Mund etwas anheben.
2. Für die typischen Trompetenstöße, spiele jeden Ton für sich.
3. Schließe den Mund und schieb' die Unterlippe etwas vor, wenn Du jetzt die Luft ausstößt, sollte sie leicht vibrieren.

Aus der damaligen Zeit ist auch die Geschichte eines sprechenden Kopfes überliefert, der die Orakel von Lesbos verkündete, ferner wird von der fliegenden Statue des MEMNON erzählt, sie soll „wundersame Töne" bei Sonnenaufgang von sich gegeben haben.

Damals hätte kein Mensch vom Bauchreden gesprochen, weil es für diese wunderlichen Geschichten noch keine natürliche Erklärung gab.

Woher kommt denn das Wort „Bauchreden?"

Bauchredner, oder besser noch „Bauch-Propheten" wurden die Vortragskünstler der Antike deshalb genannt, weil sie sich rühmten, die Botschaften von Geistern empfangen zu können. Sie ließen diese zu Wort, indem sie mit verstellter Stimme sprachen und dabei jegliche Lippenbewegung unterdrückten. Man mußte so annehmen, daß die „göttlichen" Aussagen direkt aus dem Bauch kämen, wo man übrigens auch annahm, daß dort der „entrückte" Geist wohne. Im Griechischen heißen die Bauchredner „Engastrimaten", was übersetzt wieder „Im Bauch sprechen" heißt. „Pythones" (wir werden hier an Pythia erinnert) erscheint im Lateinischen oft als Synonym für „ventriloquus", das sich wiederum aus venter = Bauch und loquor = reden zusammensetzt.

In den meisten Sprachen hat sich übrigens das lateinische Wort für Bauchredner durchgesetzt, nämlich „Ventriloquist".

Im Antiken Griechenland gab es noch einen namhaften Priester und Bauchredner, sein Name ist Eurykles (seine Anhänger hießen Eurykliden). Man sagt ihm nach, seine Prophezeiungen kämen aus der Brust, oder er könnte anderen sein Wort in den Mund legen. Er wurde deshalb so bekannt, weil er in Athen die wohl erste Bauchrednerschule leitete.

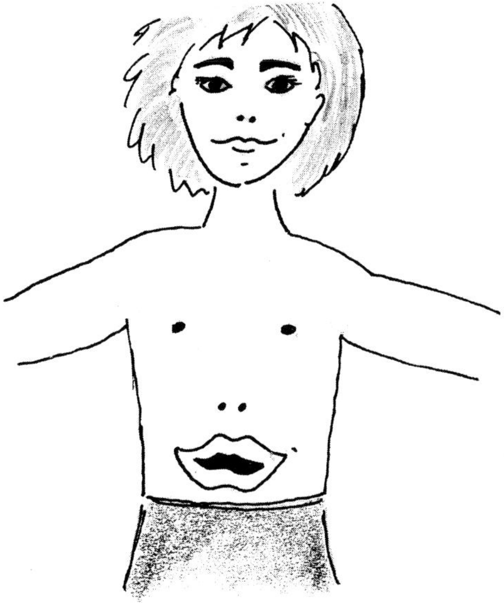

Bauchreden, wie es in der Bibel steht

Unter dem Einfluß der kulturellen Vermischung des wachsenden Römischen Imperiums, verloren das Orakel und die Macht der Weissagungen im damaligen Griechenland ihre größte Bedeutung. Zur Herrschaftszeit Augustus Caesars breitete sich eine neue Religion aus – das Christentum. Es war kurz nach Beginn unserer Zeitrechnung, als Apostel Paulus seine zweite Missionsreise unternahm und Philippi, das ca. 300 km von dem schon erwähnten Delphi liegt, erreichte.

Über eine Begebenheit während der Reise von Paulus, schreibt das Neue Testament:

„Als wir einmal auf dem Weg zur Gebetsstätte waren, begegnete uns eine Magd, die einen Wahrsagegeist hatte und mit der Wahrsagerei ihren Herren großen Gewinn einbrachte." (Apostelgeschichte 16,16)

Jetzt können wir uns natürlich fragen, ob diese Magd auch Bauchrednerin gewesen sei, denn hier ist ja nur von einem Wahrsagegeist die Rede. Die Antwort finden wir in einer älteren Übersetzung, wo Paulus den Geist, der in das Mädchen gefahren sein soll „Pythones" nennt – wir erinnern uns an Pythia und dem Orakel von Delphi, aber auch an den synonymen Gebrauch von Pythones und Ventriloquum.

Auch im Alten Testament tauchen unsichtbare Stimmen auf (Jesaja 29,4), doch es läßt sich nur spekulieren, ob auch Bauchrederei im Spiel ist. Überlassen wir es den Gelehrten im nächsten Abschnitt, Glaubensfragen zu lösen:

Der Bauch der Hexe von Endor wird zum Zankapfel der Gläubigen

Wo immer wir bei unserer Suche nach Bauchrednerpersönlichkeiten der ersten Jahrhunderte anlangten, stellten wir fest, daß damals über sie Einigkeit herrschte: Sie alle waren zwar von einem prophetischen, aber ganz und gar bösem Geist besessen. Sie wurden oftmals als „übernatürlich" dargestellt.

Im 9. Jahrhundert warnte St. Clement die jungen Christen: „Menschen, die am Tisch der Aufruhr zusammenkommen, beschwören ihr eigenes Unheil. Sie werden von einem verschlagenen Dämonen verführt, den ich – ohne zu lügen – den Bauch-Dämonen nennen will. Er ist deshalb der Schlimmste und Abscheulichste aller Dämonen, weil er ein und derselbe ist mit dem, den wir den Ventriloquus-Dämon nennen".

Den brisantesten Zündstoff aber lieferte damals die Geschichte der Hexe von Endor: Diese hatte nämlich den Geist des verstorbenen Propheten Samuel zu sich gerufen (vergl. 1. Samuel 28,6), damit er mit König Saul sprechen könne - mittels ihres bauchrednerischen Geschicks.

Im 3. Jahrhundert machte sich ein Gelehrter namens Origen an die Arbeit, über die Bücher Samuels zu schreiben. Er entfachte mit seinem Werk eine wohl ungewollte Diskussion, denn wegen der ganzen Vorurteile, die dem Bauchreden damals anhafteten, erwähnte er in seinem Werk vorsichtshalber die Hexe von Endor erst gar nicht (und natürlich auch nicht ihre bauchrednerischen Vermittlungstätigkeiten). Er schrieb vielmehr, der Geist Samuels sei vor König Saul direkt aufgestiegen, um mit ihm zu kommunizieren.

Diese Auslegung brachte zwei frühe Geistliche – St. Gregor und Eustathius – so in Rage, daß sie umgehend das Werk „La Pythonissa" verfaßten (wir erinnern uns wieder an den synonymen Gebrauch von Pythones und Ventriloquum). Darin verwarfen sie Origens Werk mit der Begründung, daß Gott es dem Geist Samuels gar nicht erlaubt hätte aufzuerstehen – und erst recht nicht für eine Sache (nämlich der Wahrsagerei), die Er gar nicht erlaubt hätte (vergl. 3. Mose 20). Kurzum, die Geistlichen wollten davon überzeugen, daß Samuels Geist wie eh' und je ungestört im Paradies weilt und sie verkündeten, daß es wahrscheinlicher wäre, daß die Hexe von Endor eben doch eine Bauchrednerin war.

Die Hexenjagd und der Heiligenprozeß

Im frühen Mittelalter wurde unter den Gelehrten noch immer erörtert, was in das religiöse Weltbild paßt – und was nicht, wobei das Bauchreden im-

mer mehr in die Ecke von Hexenzauberei und Dämonenverehrung gedrängt wurde, weshalb wir wenig Überliefertes aus dieser Zeit finden. Vielerorts wurde auch ein Verbot der Ausübung dieser sogenannten okkulten Praktiken ausgesprochen, doch ab dem 13. Jahrhundert wurde jemand, der bei öffentlicher – oder privater Ausübung „ungewöhnlicher Dinge" beobachtet wurde zum Tode verurteilt. Wir sprechen über die Zeit der Hexenjagd, die für die Verfolgten meist am Pranger oder auf dem Scheiterhaufen endete.

Daß es da so viele Opfer gab, läßt wiederum den Rückschluß zu, daß Hexenkulte, aber auch das Bauchreden praktiziert wurden.

Nach der Zeit der Hexenverfolgung und der darauf folgenden Reformation, machte im 16. Jahrhundert eine junge Dame von sich reden:

Sie hieß Elizabeth Barton und trug neben dem Beinamen „Heilige Jungfrau von Kent" auch die Bezeichnung „Ventriloqua". Man berichtete über sie, „eine göttlich inspirierte Stimme käme aus ihrem Bauch" und ihre englische Heimatstadt wurde zum Wallfahrtsort für viele Menschen, die fromme Orakel empfangen wollten. Eine Prophezeiung jedoch wurde ihr zum Verhängnis, die sich gegen die Hochzeit König Henry VIII mit Anne Boleyn richtete: Sie wurde des Hochverrats für schuldig erklärt und 1534 gehenkt.

Selbstbewußte Bauchredner

Obwohl der Klerus im 16. Jahrhundert immer noch an seinen starren Dogmen festhielt – Bauchreden galt noch immer als Teufelswerk – verlor er unter den Menschen immer mehr an Autorität, dank des sich schnell ausbreitenden Fortschritts in Wissenschaft und Technik. Jetzt wäre es an der Zeit gewesen, daß auch die Bauchredner ihr Können einer aufgeklärteren Menschheit darboten, aber das Gegenteil geschah:

1584 veröffentlichte Reginald Scot ein Werk mit dem Titel: „Erforschung des Hexenhandwerks", das auch ein Kapitel über das Bauchreden enthält. Doch wir finden keine hilfreichen Hinweise über dieses Thema, vielmehr kommt hier eine Bauchrednerin namens Mildred zu Wort, die von sich behauptet „teuflische Hexerei" ausgeübt zu haben.

Gleichfalls aus diesem Zeitraum wurde von Louis Brabant berichtet, der durch bauchrednerische Überzeugungskunst Nutzen für sich zog: Er hatte ein Liebesverhältnis mit einer reichen Erbin, deren verwitwete Mutter jedoch der Hochzeit ihre Einwilligung verweigerte. Brabant ließ vor der Mutter den Geist ihres verstorbenen Ehemanns sprechen, der

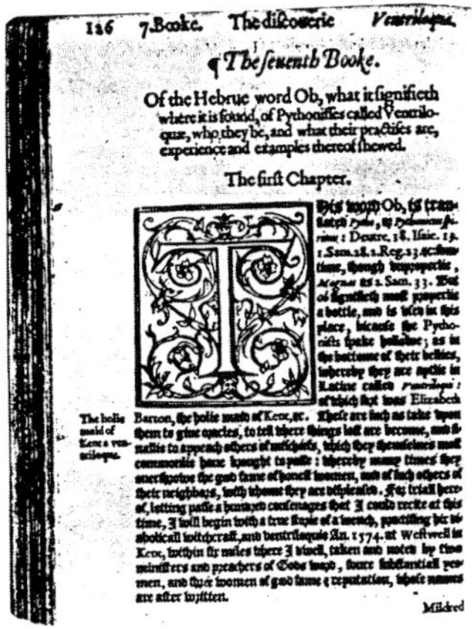
126 7.Booke. The discouerie Ventriloqua.

¶ The seuenth Booke.

Of the Hebrue word Ob, what it signifieth where it is found, of Pythonisses called Ventriloquæ, who they be, and what their practises are, experience and examples thereof showed.

The first Chapter.

This word Ob, is translated Pytho, or Pythonicus spiritus: Deutre. 18. Isaie. 19. 1 Sam. 28. 2 Reg. 23. &c: sometime, though unproperlie, Magus as 2 Sam. 33. But ob signifieth most properlie a bottle, and is used in this place, bicause the Pythonists spake hollowe; as in the bottome of their bellies, whereby they are aptlie in Latine called Ventriloqui: of which sort was Elizabeth Barton, the holie maid of Kent, &c. These are such as take upon them to give oracles, to tell where things lost are become, and finallie to appeach others of mischeefs, which they themselves most commonlie have brought to passe: whereby manie times they overthrowe the good fame of honest women, and of such others of their neighbours, with whome they are displeased. For triall hereof, letting passe a hundred cousenages that I could recite at this time, I will begin with a true storie of a wench, practising hir diabolicall witchcraft, and ventriloquie An. 1574. at Westwell in Kent, within six miles where I dwell, taken and noted by two ministers and preachers of Gods word, foure substantiall yeomen, and three women of good fame & reputation, whose names are after written.

The holie maid of Kent a ventriloqua.

Mildred

seine Leiden im Fegefeuer schilderte, von denen er nur erlöst werden konnte, wenn seine Tochter Brabant eheliche... Natürlich willigte die völlig eingeschüchterte Mutter in die Trauung jetzt ein.

Brabant gelang es – dank Bauchreden – auch noch, sich ein gutes finanzielles Polster zu ergaunern, darüber hinaus war er ein so hervorragender Vokal-Artist, das er den königlichen Hof zu unterhalten verstand. Für uns ist er deshalb so bedeutend, weil er der erste Bauchredner war, der seinen Mitmenschen beweisen konnte, daß er nicht vom Teufel besessen war.

Die Kirche engagiert einen Bauchredner

Kritiker warfen Brabant später vor, er sei ein Schlitzohr, ein „filou" gewesen. Man erwartete von einem Bauchredner Redlichkeit und den Willen zur Ausrottung des Aberglaubens, er habe auch erzieherisch zu wirken, um Untugenden wie Geiz, Eitelkeit und Hochmut entgegenzuwirken.

Erasmus von Rotterdam wußte von einem Priester zu berichten, der einen Bauchredner in seinen Dienst stellte, um seine Gemeinde auf den schmalen Pfad der Tugend zurückzuholen. Der Priester beklagte die ausbleibenden Besucher bei seinen Predigten und obendrein betrübte ihn der leere Klingelbeutel.

Er inszenierte ein seltsames Schauspiel auf dem Kirchengelände, zu dem auch ein kleiner Friedhof gehörte:

Der Bauchredner sollte in der nächsten Karfreitagnacht die Stimmen der Toten über dem Friedhof ertönen lassen und zur gleichen Zeit mehrere Krebse, auf deren gepanzerten Rücken man brennende Kerzen festgemacht hatte, laufen lassen.

Während die Krebse so in ihrer Festbeleuchtung zwischen den Gräbern spazierten, ließ der Bauchredner eindringliches Wehklagen aus den Gräbern ertönen. Der heraneilenden und erschrokkenen Gemeinde, die sich das Spektakel ansah, erklärte der Priester nun, daß all die Lichter verlorene Seelen seien, die man nur durch Gebete und Almosen erlösen könne. Diese Aufführung ließ er in regelmäßigen Abständen wiederholen und seine Gemeinde dankte es ihm mit gebührender finanziellen Zuwendung.

Man erzählt sich, daß diese Zuwendungen ein jähes Ende fanden, nachdem man einen der Krebse mit erloschenem Licht erwischte, der sich vom Kirchengelände davongeschlichen hatte ...

Wenig Geistreiches von denen, die es wissen sollten ...

1545-1605 Guilio Casserio, Anatom und Chirurg über Stimmabnormalitäten: „...non naturalem fuisse, sed magicam atque diabolicam... „
weiter: "Über Dämonen sollen die Theologen urteilen".

17. Jhdt. Conrad Amman, Holländischer Arzt: „Bauchreden wird erreicht, indem man rückwärts spricht oder einatmet anstatt auszuatmen beim Sprechen."

1688 Blount's Wörterbuch: „Der Ventriloquist: Jemand, der einen bösen Geist hat, der aus seinem Bauch spricht, dabei aber so redet, als wäre die Stimme außerhalb des Körpers."

1733 Universallexikon, Hrsg. J.H. Jedler, Bd. 3: „Bauchredner... heißen sie.... weil sie nämlich die Stimme rückwärts durch die Kehle treiben und durch die Öffnungen des Bauches hervorbringen."

1956 (!) Zeitschrift „Wissenschaft und Fortschritt", Dr. G. Misgeld: „Die Frage nach dem Bauchreden ist relativ leicht zu beantworten. Der eine oder der andere wird meine Antwort zwar etwas unappetitlich finden, aber ich kann nicht umhin, das aufgeworfene Problem bei seinem richtigen Namen zu nennen: Das Bauchreden beruht nämlich auf einem besonders „fein" ausgeprägten Rülpsen".

... und Bemerkenswertes von denen, die es konnten!

Eigentlich muß man einen Bauchredner hören und sehen können, doch diese Geschichten sind alle aus einer Zeit, wo es noch keinen Fernseher gab. Viel Spaß beim Lesen, also:

Ein markanter, wenn auch kleinwüchsiger (er soll nur etwa ein Meter groß gewesen sein) Bauchredner war George Morodo, der Musikinstrumente, und Tierstimmen nachmachen konnte, aber auch alltägliche Geräusche, wie das Holzsägen.

Obendrein überzeugte er seine Zuhörer davon, was sie hörten käme aus seinen Taschen. Er machte sich einen Spaß daraus unbemerkt (was wegen seiner Größe kein Problem war) auf Versammlungen aufzutauchen und wie ein Löwe zu brüllen, was nicht selten eine Panik auslöste.

Kurze Zeit darauf, im Jahre 1772, wurde das erste Buch zum Erlernen des Bauchredens von Abbé de la Chapelle in zwei Bänden veröffentlicht. La Chapelle bat einen bauchredenden Freund names St. Gille, ihm eine kleine Vorführung zu geben, dieser willigte ein und sie setzten sich an einem Tisch gegenüber. Nach einiger Zeit konnte man eine

So imitierst Du eine Holzsäge:

1. Ziehe Deine Zunge so weit wie möglich nach hinten in den Gaumen zurück. Stoße nun die Luft kräftig und geräuschvoll über die Zunge hinweg aus.
   Das Säge-Stoßgeräusch entsteht, wenn Du beim Luftausstoßen einen hohen und zum Schluß hin lauter werdenden Ton anschlägst.
2. Das klassische Sägegeräusch entsteht einfach, indem Du durch die geschlossenen Zahnreihen die Luft einziehst.

Probiere nun beide Geräusche im schnellen Wechsel!

Stimme von draußen rufen hören, die nach la Chapelle verlangte. Dieser fragte verwirrt seinen Freund, ob das schon zur Darbietung gehöre. St. Gille lächelte nur und ließ die gleiche Stimme unter dem Tisch ertönen ...

Über Le Sieur Themet wurde 1785 folgendes berichtet: Während einer Aufführung in London sollte sein Publikum glauben, er säße in einer großen Mühle, aus der von draußen Jagdgeräusche hereindrangen. Themet imitierte nicht nur das Reden und Rufen der Jäger, er machte auch Hundegebell nach und das alles so genau, daß es sich sogar anhörte, als verlören sich die Stimmen und Geräusche in der Ferne ...

Als James Burns, ein begabter Bauchredner des 18. Jahrhunderts in Sheffield ein Fischgeschäft betrat, ließ er schnell und unbemerkt seine Hand in einen der aufgeschlitzten Fische fahren und fragte die Verkäuferin, ob der Fisch auch frisch sei.

„Ich schwöre bei Gott", soll die Verkäuferin geantwortet haben, „dieser Fisch ist gestern noch im Wasser geschwommen".

Burns ließ das Maul des Fisches aufklappen und ihn entgegnen: „Was für eine verdammte Lüge, ich

James Burns

hab' schon länger als eine Woche kein Wasser mehr gesehen!"

Man sagt, die Frau hätte in Zukunft immer auf die Frische ihrer Ware geachtet...

Thomas Haskey, der in frühen Jahren die untere Hälfte seines linken Beines verlor, machte aus seiner Not einen Broterwerb:

Er half den Gärtnern beim Aussetzen der Kartoffeln, indem er mit seinem Holzbein Löcher in die Erde grub. Seinen Beruf wollte er jedoch an dem Tag an den Nagel hängen, als er einer Darbietung Burns' beiwohnte und er folgte seiner wahren Berufung: Ebenfalls ein guter Bauchredner zu werden. Er erfreute sich schon bald darauf großer Berühmtheit, dank seiner Bühnenshows, die so exzellent waren, daß ihn die „London Newspaper" als einen Komet am Himmel der Kunst feierte. Seine Aufführung bestand darin, daß er sich mit seinem unsichtbaren Freund „Tommy" unterhielt, wobei er in diese Unterhaltung das begeisterte Publikum stets mit einbezog. Ihm zu Ehren wurde sogar eine Sondermünze gedruckt.

C. Lee Sugg

C. Lee Sugg ein – wie er wohl fürchtete wenig bekannter – Bauchredner, veranstaltete einen öffentlichen Skandal, weil er dadurch - so erhoffte er sich – etwas Werbung für seine bevorstehende Show machen könnte: Er hatte ein Baby, welches in Wirklichkeit eine in Tuch gewickelte Puppe war, auf dem Arm, das nach Leibeskräften schrie, als er einen Bäckerladen betrat. Das „Baby" gab ein so nervtötendes Geheul von sich, daß Sugg es vor den entrüsteten Blicken der Bäckereikunden in den Backofen warf. Er wurde umgehend verhaftet und von dem Gericht wegen dieses Unfugs auf's schärfste verwarnt.

Über den Franzosen N.M. Vattermore, der unter dem Namen „Alexandre" zu Anfang des 19. Jahr-

N.M. Vattermore

Die vielen Gesichter des N.M. Vattermore

hunderts in England berühmt wurde, wurde folgende Geschichte erzählt:

Er imitierte erstickende Schreie, die aus einem beladenen Heuwagen drangen. Der verblüffte Fuhrmann und die Passanten machten sich sofort daran, das Heu abzuladen, fanden aber zu ihrem Erstaunen niemanden vor.

Lächelnd und schweigend ging der Bauchredner seines Weges. Vattermare brillierte mit einem Programm, in dem er 5-6 Personen, die er alle selbst darstellte, auftreten ließ.

In einem seiner Stücke, zum Beispiel, ließ er einen betrunkenen Kutscher am Tisch einschlafen, schlüpfte unsichtbar aus dessen Kleidung, um im nächsten Moment als eine völlig anders gekleidete Person, die ein Lied sang, aufzutreten. Danach spielte er wieder den Kutscher, wie er gähnend erwachte. Neben Phantasie und Stimmreichtum verfügte Vattermare auch über ein schier unglaubliches Können in Mimik, Gestik und Pantomime.

Mitte des 19. Jahrhunderts wurden die ersten Varietés gegründet und boten eine völlig neue Darstellungsform in der Unterhaltung: Die Zeiten der abendfüllenden Einzelvortragskünstler waren vorbei.

Vorbei war auch die Zeit der langen Dialoge und ausladenden Bühnenwerke. Sie alle machten dem neuen Theater mit einem bunten, schnell wechselnden und äußerst unterhaltsamen Programm platz, das überwiegend aus Kurzdarbietungen in Form von Sketchen und kurze Showeinlagen mit Knalleffekten bestand, bei denen die Bauchredekunst jedoch keinesfalls zu kurz kam.

Eine Hochzeit findet statt

Ein für die heutige Zeit folgenschweres Ereignis in der Geschichte des Bauchredens bahnt sich an:

Die Hochzeit von Puppenspiel und Bauchredekunst, deren Verlobung schon 1750 stattfand, als der Wiener Baron von Bergen mit der ersten Bauchrednerpuppe auftrat, deren Mund sich wie der eines Nußknackers öffnen ließ.

Aber erst rund hundert Jahre später wurde die Kunst des Bauchredens zum Synonym für einen Bauchredner mit sprechendem Partner.

Die wohl berühmteste Bauchrednerpuppe aller Zeiten, „Charlie Mc Carthy", galt in Amerika als der gefeiertste Radiostar von 1937

Der „Große Lester", ein Virtuist der fernen Stimmen mit seiner Figur Frank Byron jr. Ein in Amerika gefeiertes Duo, 1910

Arthur Prince mit „Sailor" Jim. Die beiden genossen bis Prince´ Tod, 1948 Weltruhm

Kapitel VII

Das „Echte" Bauchreden

Eigentlich sind wir, die das Buch geschrieben haben, doch schon fertig und haben alles gesagt. Inzwischen sind wir auch müde von dem vielen Schreibmaschinenschreiben und dem Zeichnen der Bilder. Und jetzt ist das Schreckliche passiert:

Wir lesen unser Buch noch einmal durch, ob denn auch alles stimmt, was wir so von uns gegeben haben, wir sind eigentlich mit uns zufrieden, weil im ersten Kapitel beschrieben ist, wie man sich als werdender Bauchredner seinen Partner schafft und zum Schluß, auf der vorhergehenden Seite findet nun die Hochzeit statt... das paßt doch wunderbar. Doch wir müssen gestehen, wir haben etwas Wichtiges vergessen. Nein, wir haben nicht all die aus Funk und Fernsehen berühmt gewordenen Bauchredner vergessen aufzuzählen. Das, was wir vergessen haben, haben wir in einem ganz alten Buch wiedergefunden. Es ist ein Buch von Ernst Schulz, aus dem Jahre 1892 und es heißt „Die Kunst des Bauchredens". Ernst Schulz schreibt darin:

„Man kann die Kunst des Bauchredens in zwei Gattungen unterteilen.

Die erste Gattung besteht aus dem Vermögen, Stimmen nicht nur überhaupt nachahmen zu können, sondern dieselben auch aus abgeschlossenen Räumen und aus jeder beliebigen, denkbar möglichen Entfernung scheinbar erschallen zu lassen. Den Inhaber dieser Fähigkeit nennt man mit Recht einen Bauchredner oder Ventriloquisten. - Die zweite Gattung besteht in dem Talent, gleichfalls mit geschlossenem Munde verschiedene Stimmenn nachzuahmen, aber ohne dieselben nach einem anderen Orte hin dirigieren zu können... Zum Unterschiede von dem wirklichen Ventriloquisten können wir den Besitzer des zweiten Talents einen Polyphonisten (Vielstimmigen) nennen."

Also, das ist unser Problem: Vor hundert Jahren hätten wir mit unserem Buch wütende Leserbriefe geerntet, in denen man uns vorgeworfen hätte, kein einziges Wort darüber verloren zu haben, wie man das Bauchreden lernen kann.

Also, die Schreibmaschine wieder ausgepackt, es geht weiter. Wir versuchen nun die Brücke zwischen der Tradition des Bauchredens und der heutigen Zeit zu schlagen, immerhin erfüllen wir uns damit auch den Wunsch dem neuzeitlichen Vorurteil – das Bauchreden sei bloß witziges Entertainment mit Puppe – entgegenzuwirken. Immerhin haben wir auf all den letzten Seiten von den Talenten berichtet, die abendfüllend – ohne Puppe aufgetreten sind. Dem Publikum erschien es, als würden sie ihre Stimme irgendwohin „werfen" (throwing the voice), wie es damals fälschlicherweise genannt wurde, was jedoch der wahrgenommenen Illusion am nächsten kam.

Vorhang auf für Frederic Maccabe!

Eine bemerkenswerte Demonstration der Bauchredekunst gab F. Maccabe am 3. Dezember 1867 in der Egyptian Hall (Piccadilly) in London. Man sagte von ihm, er sei ein sehr einfacher und bescheidener Mensch. In Wahrheit aber, war er ein sehr vielseitiges Talent und einer der besten Bauchredner seiner Zeit. Sein Vorstellung nannte er damals ‚begone dull care" („Fahre hin, eitle Seele").

Mr. Maccabe trat fast schüchtern vor sein Publikum und teilte mit, daß er beabsichtige, einen kleinen Bauchredner-Vortrag zu halten. Er bat die Anwesenden um äußerste Ruhe, da sein Vortrag sonst nicht gelingen könne. Er hatte noch beiläufig erwähnt, daß er sich mit „John", der sich oben auf dem Dach befände, unterhalten wolle. Dann trat er einen Schritt zurück, klatschte in die Hände und rief: „John, bist Du da oben?" Pause. Da keine Antwort kam, rief er erneut: „Ich frage Dich, John, kannst Du mich hören?"

Wieder keine Antwort. Da schallt eine Stimme aus der vorderen Zuschauerreihe: „Ich glaube nicht, daß jemand da oben ist!"

Mr. Maccabe – sehr überrascht – verbeugte sich in die Richtung aus der man die Stimme vernommen hatte. Er entschuldigt sich höflich, bittet aber darum, die Unterhaltung mit seinem Freund John fortsetzen zu dürfen und nicht durch weitere Zwischenrufe gestört zu werden. Er schaut nach oben, klatscht wieder in die Hände und fragt erneut: „Hey, John, hörst Du mich?"

„Ich glaube, es ist nur ein Scherz, der hier gemacht wird", tönte eine schrille Frauenstimme mitten aus dem Zuschauerraum. Sichtlich erschrokken, versucht der Bauchredner mit schüchterner Miene auch diese Dame um Ruhe zu bitten. Aber in diesem Moment konnte man schon einen dritten und vierten Zuruf vernehmen und schon bald glaubte man aus jedem der Ränge Unmutsäußerungen zu hören. Von allen Seiten vernahm man nun ein fast undurchdringliches Stimmengewirr, das der Künstler nur mit Müh' und Not mit seiner eigenen Stinme durchbrechen konnte. An „John" war natürlich nicht mehr zu denken!

Dann endlich trat Mr. Maccabe vor, verneigte sich und sagte, – nicht ohne erneut unterbrochen zu werden, er könne unter diesen Umständen keinen Bauchrednervortrag halten. Noch während er die Bühne verläßt höhnte eine Stimme: „Glaubt ihm nicht, er kann überhaupt nicht bauchreden!"

Alle Stimmen waren natürlich von Mr. Maccabe selbst imitiert worden. Die Zuschauer rasten vor Begeisterung!

Über die Kraft der Vorstellung

Bei der nun folgenden Vertiefung in das Thema Bauchreden ist Deine Phantasie gefragt. Wann immer Du einen Ton produzierst, sollte er schon von Dir vorausgedacht sein. Wie laut ist er, wie hell oder dunkel sein Klang, wie schnell gesprochen? Wenn Du zum Beispiel Hundegebell nachmachen willst, dann reicht es ja auch nicht einfach „wau" zu sagen, Dein Publikum will doch annehmen, es handele sich um einen echten Hund ganz in der Nähe. Stell' ihn Dir einmal vor: Ist der Hund klein, dann bellt er eher spitz, vielleicht aggressiv, oder siehst Du einen großen Hund, der ein tiefes Bellen hat, knurrt oder grollt?

Desto klarer die Vorstellung von dem gewünschten Geräusch schon in Deinem Kopf ist, umso leichter wird Dir die Illusion gelingen, das Geräusch entspringe nicht Dir oder Deiner Phantasie, vielmehr direkt dem Wesen, das durch Deine Phantasie lebendig geworden ist.

Entspannungsübungen

Stell Dir ein langes Seil vor. Das Seil steht von alleine in der Luft und Du kannst beide Enden deutlich sehen. Kannst Du das geflochtene Muster des Seiles sehen, wie sehen die Enden in Deiner Phantasie aus? Über dem Seil stehen all Deine Gedanken, an seinem unteren Ende befindest Du Dich. Mache jetzt einen Knoten in Dein Seil, wie bewegt sich Dein Geist, Dein Körper, um den Knoten zu formen und kannst Du das Muster des Seils im Innern des Knotens ausmachen?

Wenn Du eine Stimme, oder ein Geräusch an eine andere Stelle bringen willst, von der Dein Publikum es hören soll, so brauchst Du neben der klaren Vorstellung, wie sich die Stimme oder das Geräusch anhören soll, auch noch die Vorstellung, von woher es das Publikum wahrnimmt. Das kannst Du mit folgender Übung wahrscheinlich leichter nachvollziehen:

Training für die Vorstellungskraft

Stell Dir vor, Du sitzt alleine an einem runden Tisch. Jetzt stell' Dir einen Rennwagen vor, wie er an der Kante der runden Tischplatte enlangfährt. Versuche nun, während der Wagen fährt, ihn mit Deinen Augen zu verfolgen. Kannst Du Dir das Geräusch vorstellen, das das Rennauto macht. Versuche es nun mit einzubringen und zwar so, daß es leiser wird, wenn der Wagen sich von Dir entfernt und natürlich etwas lauter, wenn er sich Dir wieder nähert. Drehe ein paar Runden. Dann stell Dir vor, jemand würde an der gegenüberliegenden Tischseite sitzen. Vermittle Deinem Gegenüber jetzt, der Wagen käme auf ihn zugefahren, indem Du ihn in seinem Hörbereich lauter werden läßt; erreicht das Auto wieder die Stelle, wo Du sitzt, wird das Geräusch für den Zuhörer leise. Verfolge den Rennwagen mit Deinen Blicken!

Diese Rennwagenübung hat bestimmt viel Spaß gemacht, wenn Du Lust hast, kannst Du auch noch eine lästige Fliege imitieren, die einen Unsichtbaren mit ihrem Gesumme stört. Das Training der Vorstellungskraft ist deshalb wichtig, weil Du die Hörgewohnheit Deines Publikums annimmst.

Mr. Maccabe meldet sich nochmal zu Wort

„Es kann gar nicht genug Aufmerksamkeit auf das Studium verwandt werden, wie der Ton an unser Ohr dringt, und auf das Bestreben, denselben genauso wiederzugeben, wie er gehört wird – denn das Geheimnis der Kunst ist das, was man in der Malerei unter Perspektive versteht: richtige Berechnung der Entfernungen."

Die eigene Stimme

Bevor Du nun die Bauchrednerstimme erlernen kannst, kommen noch zwei Zwischenschritte: Deine eigene Stimme, die Du nun kennenlernen kannst – hier wird dann endlich auch das Geheimnis gelüftet, wie die Stimme aus dem Schrank kommen kann – und ein etwas langweiliges Studium darüber, woher die Stimme überhaupt kommt (immerhin nicht so lang, wie ein komplettes Medizinstudium, aber leider unabdingbar für Dich, wenn Du Dein Können und Wissen vervollständigen möchtest). Doch jetzt zu Deiner eigenen Stimme:

Wenn Du redest, dann sollte das laut und deutlich sein, denn nichts wäre schlimmer, als wenn der Inhalt des Gesagten wegen undeutlicher Aussprache unterginge. Das gilt für das normale Gespräch und ganz besonders, wenn Du Dein bauchrednerisches Talent unter Beweis stellen willst. Sprich alle Vokale, also a,e,i,o und u so aus, daß sie verschieden voneinander klingen, auch das „Ä", das sich nicht wie „e" anhören sollte:

Der Lehrer käme früher, wäre seine Uhr richtig gegangen.

Der Lehrer ist kein Lähra und richtich ist nicht richtig! Deine Aussprache kann um so deutlicher werden, wenn Du den Mund nach einem Lippenlaut wieder gut öffnest, auch sollten Zunge und Kiefer richtig mitarbeiten, damit die Stimme an Gegenständlichkeit und Tragweite gewinnt.

Deine Stimme kann noch gegenwärtiger und gefüllter klingen, wenn Du Dich bemühst, den Tönen im vorderen Teil Deines Mundes Resonanz zu geben.

Die Ausbildung der eigenen Stimme ist deshalb so wichtig, weil sie einen gut hörbaren Gegensatz zur Bauchrednerstimme bildet – allein wegen ihrer Deutlichkeit.

Diesen Gegensatz kannst Du jetzt selber ausprobieren:

Halte Deinen Mund fast geschlossen und rede, ohne die Lippen zu bewegen, wobei Du dazu möglichst wenig Luft gebrauchst. Für die Zuhörer entsteht nun der Eindruck, als nehme ihr Ohr eine nicht ganz gegenwärtige Stimme mit einer gedämpften Klangfarbe wahr, insbesondere wenn Du jetzt noch Deine Zunge in den hinteren Gaumenbereich zurückziehst.

Übung der Schalldämpferstimme

Halt Dir beide Ohren zu und sprich laut und deutlich einen Satz, z.B: „So einfach ist das". Jetzt versuchst Du diesen Satz wie eben beschrieben, also ohne Lippenbewegung mit möglichst wenig Atemluft und mit Deiner Zunge im hinteren Gaumenbereich zu wiederholen, aber ohne Dir die Ohren zuzuhalten. Das kannst Du so lange üben, bis sich beide Varianten gleich anhören, dabei solltest Du lediglich darauf achten, nicht in Dich hinein zu sprechen, denn der Effekt wird nicht durch die Lautstärke erzielt.

So, wenn Du Lust hast, dann kannst Du jetzt Deinen Kleiderschrank leerräumen, die Stimme aus dem Kleiderschrank funktioniert nämlich nach der gleichen Methode.

Also, den Kopf in den leeren Kleiderschrank hineinstecken, aber nicht ganz, denn Deine Ohren bleiben draußen, denn sie müssen hören, wie es sich anhört, wenn Du jetzt fragst: „Kann mich jemand hier rausholen?" So, jetzt fährst Du wie in der letzten Übung fort, so lange, bis Du meinst, die „beiden" Stimmen klängen gleich.

Später wirst Du auch noch erfahren, wie Du Deiner Stime ein Echo gibst, dann kannst Du die Stimme aus dem Schrank noch perfekter hinkriegen.

Jetzt kommen weniger praktikable Seiten, die sich mit den Stimmwerkzeugen in unserem Körper befassen. Trotzdem: unbedingt lesen!

Die Anatomie der Stimme

Die Lungen (1)

liegen im Brustkorb und füllen sich beim Einatmen mit Luft, beim Ausatmen entweicht die Luft wieder.

Das Zerchfell (2)

ist der für die Atmung wichtigste Muskel. Beim Einatmen zieht sich dieser Muskel nach unten, um den Brustraum zu vergrößern; beim Ausatmen entspannt er sich wieder, der Brustraum wird verringert, die Atemluft kann ausströmen.

Der Kehlkopf (3)

ist eine schlauchartige Verbindung zwischen den oberen und unteren Atemwegen. Er ist ca. 4-5 cm lang, im Durchmesser 3-5 cm. Er besteht aus neun Knorpeln (der markanteste ist der sog. „Adamsapfel"), die miteinander durch Membrane und Bänder verbunden sind, welche durch Muskeln bewegt werden können. Kommt die Luft beim Ausatmen aus der Lunge, dann strömt sie zwischen den Stimmfalten durch den Kehlkopf.

Bewegung des Kehlkopfes

Der Kehlkopf ist nicht fest verankert, er ist vielmehr an einigen Muskeln schwebend hängend. Die Muskeln die ihn heben stehen im Gegenspiel zu den Muskeln, die ihn senken, was für die Funktion des Kehlkopfes bei der Stimmgebung nötig ist.

Wenn Du I-A sagst, dann kannst Du fühlen, wie Dein Kehlkopf sich hebt und senkt.

Die Stimmbänder (4)

sind zwei Einfaltungen (weswegen sie auch Stimmfalten heißen) einer elastischen, den oberen Teil der Luftröhre auskleidenden Membrane. Sie sind an der Frontseite des Halses miteinander verbunden, an der gegenüberliegenden Seite ist jede Falte einzeln mit einem Knorpel befestigt, der wiederum auch durch einen Muskel bewegt werden kann, damit sich die Stimmfalten zusammenziehen, was eine Vibration im Atemluftstrom ermöglicht. Desto mehr die

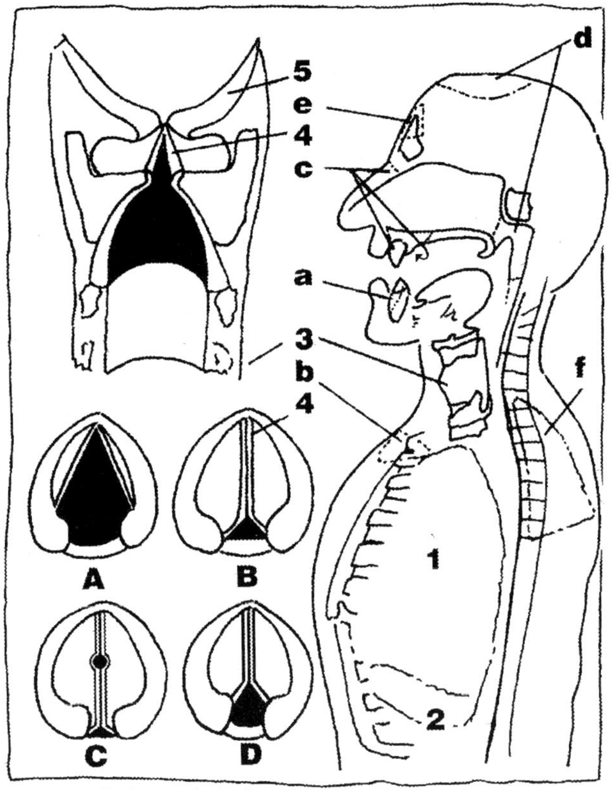

Stimmfalten gezogen werden, um so dünner werden sie, und können somit schneller vibrieren, was einen hohen Ton zur Folge hat. Im Ruhezustand liegen die Stimmfalten aufrecht auf den Stellknorpeln, entlang an den inneren Seiten des Kehlkopfes.

A Bei ruhigem Atem ist der Kehlkopf offen, das heißt der Spalt zwischen den Stimmfalten bildet eine dreieckige Öffnung.

B Durch Muskelkontraktion (wie z.B. beim Sprechen) treffen die Stimmfalten aufeinander. Zwischen den Stellknorpeln bleibt eine kleine, dreieckige Öffnung, durch die die Luft beim Flüstern ausströmen kann.

C Für einen hohen Ton werden die Stimmfalten zueinander gezogen. Für ganz hohe Töne bleibt in ihrer Mitte ein schmaler, kurzer Spalt offen.

D Die Falsettstimme des Mannes hat einen hohen Klang, der dadurch erzeugt wird, daß nur ein Teil der Stimmfalten vibriert. Da die Stimmfalten des Mannes etwas länger als die der Frau sind, wirkt die Verkürzung bei der Falsettstimme so, daß sich die Stimme sehr hoch, also wie die einer Frau anhört.

Die Taschenbänder (5)

werden auch falsche Stimmbänder genannt. Sie verschließen sich, um unfreiwilliges Ausatmen, z.B. bei Atemanhalten oder beim Husten zu verhindern.

Die Stimmbildung

Das Falsett

In der Regel spricht man von einer männlichen Falsett- oder Kopfstimme, die höher als die normale Sprechstimme ist. Um seine Falsettstimme zu finden, kann „Mann" folgendes probieren:

Von der normalen Tonlage der Stimme langsam ohne lauter zu werden in den hohen Bereich steigern. An einer Stelle kommt der Moment, wo die Stimme „bricht", sie hört sich abrupt verändert an, da das Falsett eine Verkürzung der schwingenden Stimmfalten nach sich zieht.

Frauen können bei sich den gleichen Effekt beim Brechen des Tones bemerken, wenn sie in den tiefen Bereich langsam heruntersinken, es bricht die Stimme (jedoch nicht so markant wie beim Mann) aufgrund einer Abspannung der Stimmbänder.

Das Register

Der Kehlraum ist das Zentrum des Stimmgeschehens. Die wechselnden Spannungsverhältnisse der Stimmfalten werden als Register bezeichnet. Das Wort Register wird aber auch benutzt, um die Stelle zu bezeichnen, an der die Tonschwingungen ausgemacht werden. Es gibt ein Kopf-, Mittel- und ein Brustregister, mit der jeweils entsprechenden Stimmlage.

Spricht man zum Beispiel in hoher Stimmlage, dann schwingt der Ton im Kopf, bei tiefer Stimmlage im Brustbereich.

Stimmansatz

Durch unterschiedliches Ansetzen eines Tones verändern die beteiligten inneren und äußeren Muskeln die Lage des Kehlkopfes, so daß die Stimmfalten in einen ganz bestimmten Dehnungszustand kommen:

a,b die Stimmritze, das ist der Spalt zwischen den Stimmbändern, wird geschlossen oder verschmälert. Der Ton klingt „vorne" (z.B. bei „a")

c die Stimmfalten werden gestrafft, sie schwingen in größerer Breite, die Stimme sitzt auch „vorn" (z.B. bei „e")

d die Stimmfalten werden gedeht und dünner, was den Kehlraum erweitert. Der Ton hat Volumen, er sitzt „hoch" (z.B. bei „i")

e,f bei beiden Ansätzen wird die Kehle abwärts gezogen und verankert. Durch Ansatz f) werden die Stimmfalten gedehnt, aber auch auf's Äußerste gestrafft, es ensteht ein „voller" Ton (z.B. bei „o")

Resonanz, Resonatoren

Resonanz, lat. resonare heißt mitschwingen oder zurücktönen. In der Physik wird Resonanz als Mittönen elastischer Körper (=Resonatoren) bezeichnet. Luft kann auch ein Resonator sein, sie übernimmt beim Sprechen die Rolle, die zuerst von den Stimmbändern ausgeübt wurde. Resonatoren beim Sprechen sind: Speiseröhre, Nasenhöhlen, Nasennebenräume, die Kiefernhöhlen und Resonanzräume des Schädels.

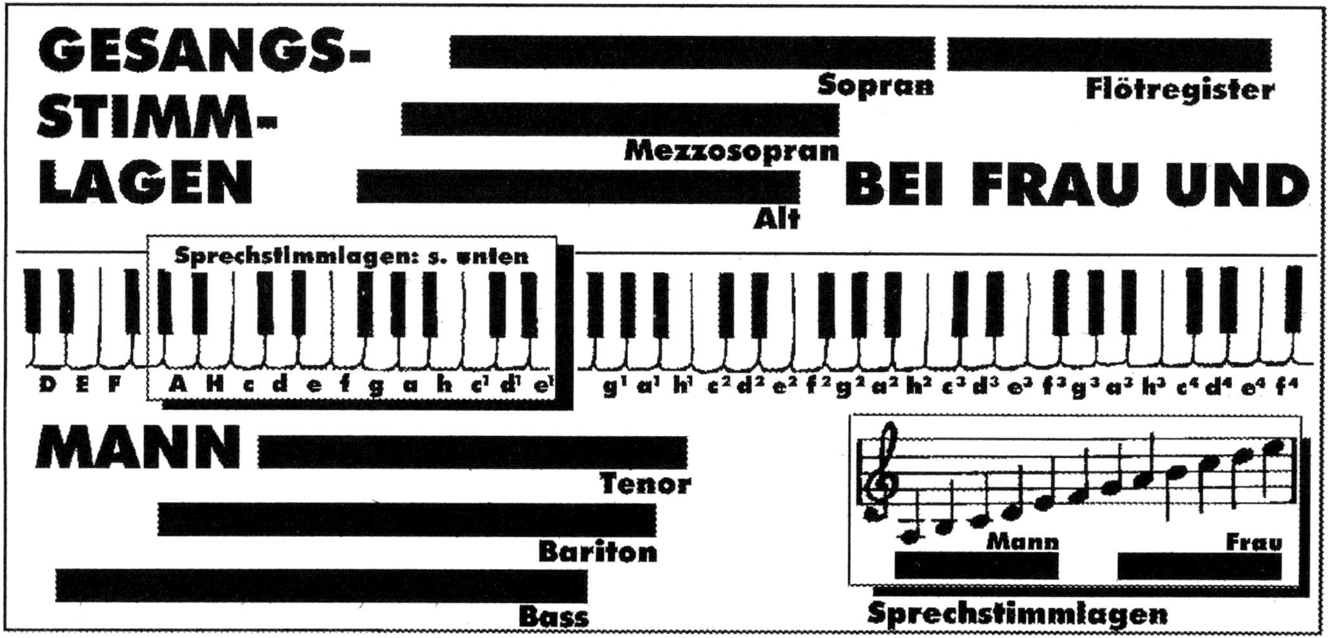
GESANGS-STIMM-LAGEN BEI FRAU UND MANN
Sopran
Flötregister
Mezzosopran
Alt
Sprechstimmlagen: s. unten
D E F A H c d e f g a h c¹ d¹ e¹ g¹ a¹ h¹ c² d² e² f² g² a² h² c³ d³ e³ f³ g³ a³ h³ c⁴ d⁴ e⁴ f⁴
Tenor
Bariton
Bass
Mann
Frau
Sprechstimmlagen

Grundton der Bauchrednerstimme

In diesem Abschnitt nun geht es um den Grundton, oder besser: die Grundstellung für die Bauchrednerstimme. Hast Du diese erst einmal gelernt, dann hast Du die Voraussetzung geschaffen, Deine Stimme aus jeder Entfernung ertönen zu lassen:

Die Grundstellung des Kehlkopfes beim Bauchreden

Nimm Dir wieder einen Spiegel zu Hilfe, um Deine Kehlkopfbewegung besser beobachten zu können. Bei hohen Tönen, so wirst Du sehen, wandert Dein Kehlkopf nach oben (Männer können das leichter sehen an den Bewegung des sog. „Adamsapfels". Du kannst aber auch Deinen Zeigefinger leicht und ohne Druck auf den Kehlkopf legen. Bei tiefen Tönen, so merkst Du jetzt, wandert der Kehlkopf nach unten.

Atme jetzt tief ein und mache einen Ansatz zum Husten. Deine Brust hebt sich und das Zwerchfell übt einen starken Druck auf Deine Atmungsorgane aus.

Versuche nun von der Stelle aus, wo Du im Hals das Zusammendrücken am stärksten empfindest, einen Ton hervorzubringen. Es sollte ein gedehnter, aber nicht gepreßter Ton sein.

Anfangs wirst Du wahrscheinlich nicht so recht zufrieden mit diesem Ton sein, vielleicht hört er sich jämmerlich und gewürgt an, aber das ist der beste Beweis, daß Du auf dem richtigen Weg bist. Mit etwas Übung (bitte nicht bis zur Überanstrengung) verliert der Ton dann auch seinen jämmerlichen Klang.

Um zu prüfen, ob Deine Grundstellung auch stimmt, solltest Du in dieser Position mal einen hohen Ton anschlagen. Wenn Du jetzt feststellst, daß Dein Kehlkopf nicht nach oben wandert, sondern vielmehr in die Halsgrube hinabsinkt, dann hast Du es geschafft. Diese Grundstellung des Kehlkopfes nämlich ist der Ausgangspunkt für das Üben der Stimmen aus der Ferne.

Die Stimme aus der Ferne

Nachdem Du den Bauchredner-Grundton erfolgreich gelernt hast, solltest Du Dich auch mit der Lage Deiner Stimmbänder beim Bauchreden beschäftigen. Diese Übung ist leicht und baut auf der Vorherigen auf:

Der Summton

Nimm zuerst die Bauchredner-Grundstellung ein und sage „ah". Das wiederholst Du erst ein paarmal, bis es sich nicht mehr wie ein kurzes, gestoßenes Geräusch anhört. Versuche das „ah" langzuziehen, bis es wie das sanfte Summen einer Biene klingt, wenn Du das „ah" lange nachschwingen läßt.

Auch dieses Summen solltest Du sehr gut üben, es ist nämlich wichtig, daß Du das Summen sofort und auf Anhieb hervorbringen kannst, wenn Du die fernen Stimmen später einmal gut beherrschen willst.

Und so „funktioniert" die Stimme aus der Entfernung: Du nimmst Deine Zunge weiter zurück in den Gaumen, als Du es beim normalen Reden tust. Der Abstand, von dem der Laut nun zu kommen scheint, wird größer.

Du kannst auch ein leichtes Echo erzielen, indem Du Deinen Kopf leicht nach hinten neigst und das gesummte „ah" durch den Gaumen widerhallen läßt. Beim Reden sollten einige Wörter ganz weggelassen werden, an ihre Stelle tritt nun das gesummte „ah". Damit erzielt man übrigens den Effekt, als könne man das Gesprochene aus der Entfernung nicht ganz so gut verstehen. Dieser Effekt kann zusätzlich noch verstärkt werden, wenn anstelle des gesummten „ah" ein „hei" ertönt, das natürlich seinen Sitz auch hinten im Gaumen hat. Jetzt klingt es sehr stark nach einem Echo aus der Ferne. Wenn Du die Stimmen aus der Ferne einstudierst, dann solltest Du nicht mit zurückgehaltenem Atem „in-Dich-hineinsprechen". Beachte das bitte!

Je weiter entfernt eine Stimme klingen soll, um so tiefer sollte auch Deine Stimme klingen. Dabei drückst Du Dein Kinn ganz gegen die Brust, dadurch entsteht schon fast automatisch ein geschlossenerer und tieferer Tonfall, der aus der Ferne zu kommen scheint.

Die Stimme von oben

Zuerst bringst Du Kehlkopf und Stimmbänder in die Position des gesummten „ah", dabei hebst Du die Zunge etwas an, so daß die Stimme leicht vom Gaumen wiedergegeben werden kann. Sage jetzt: „Hallo, ich bin auf dem Baum", sprich aber langsam beim Ausatmen. Es kann sein, daß die ausgesprochenen Worte so widerhallen, daß man sie nicht deutlich genug verstehen kann, was jedoch ein äußerst wünschenswerter Nebeneneffekt ist!

Je stärker Du das Geräusch aus dem Gaumen hervorbringst, umso stärker ist auch dieser Halleffekt.

Eine Stimme von oben sollte etwas in die Länge gezogen klingen, so daß es scheint, als käme sie aus einer größeren Entfernung.

Die Stimme von unten:

Diese Stimme ist etwas einfacher, weit die Laute in der Kehle nur unterdrückt werden und danach im Gaumen angeklungen werden. Dabei beugst Du Deinen Kopf zur Brust hinunter, Deine Stimme bekommt so automatisch einen tieferen Klang. Nimm nun die Stellung für den Summton ein. Hebe Deine Zunge etwas an und roll sie im Mund leicht ein, damit der Ton schon im Mund geschlossener wirkt. Sprich noch langsamer als bei den „Stimme von oben", dadurch verstärkt sich der ferne Effekt angesichts des tiefen Tones zusätzlich. Sage jetzt: „Ich bin hier unten, siehst Du mich?"

So, wenn Du jetzt beide Stimmen - die von oben und die von unten beherrschst, dann kannst Du sicher auch einen Dialog zwischen dem Menschen von „oben" und dem von „unten" führen. Laß den einen zum anderen hinauf – und den anderen herabsteigen.

Unterstützende Gestik und Mimik

Erwartest Du während eines Gesprächs eine Stimme von oben, dann sieh auch nach oben. Wenn Du eine Antwort von unten erwartest, beuge Dich vornüber, lege ruhig auch eine Hand hinter's Ohr. Wichtig ist, daß Du auch dem Ort, von wo Du Deine Stimme ertönen lassen willst, große Aufmerksamkeit schenkst, das erreichst Du durch die Richtung Deines Blickes und durch unterstützende Körperhaltung.

Kapitel VIII

Nachwort und Adressen

So, das war es jetzt endgültig!

Wir hoffen, daß Du viel Spaß an dem Thema Bauchreden gefunden hast und vielleicht bald schon eine kleine Show zum Besten gibst... Falls Dir etwas nicht gefallen hat, oder sogar sehr gut gefallen hat, falls Du noch Fragen oder Probleme hast, oder auch etwas Wichtiges zum Thema Bauchreden gefunden hast (vielleicht eine neue Adresse eines Puppenbauers?), bitte schreibe uns: bockamp@gmx.de

Elke Bockamp
Rudolf P. Urbanski
Postfach 210120
47023 Duisburg

Wir bemühen uns jeden Brief sorgfältig und persönlich zu beantworten.

Danksagungen

Vielen Dank an Anke Ter Horst, Deinum, Niederlande, die uns bei den Recherchen geholfen hat.

Danke auch an Dagmar Urban, von der Idee und Schnittmuster für den Dinogel stammen.

Bildnachweis

Die Abbildungen S.92, S.74, S.73 stammen aus Retonio's Museum, Degersheim.

Literatur

„Die Kunst des Bauchredens"
Dan Richards (vergriffen)
Dumont, 12,80 DM
Beschreibt auf 120 Seiten das Thema Bauchreden, hoher Unterhaltungswert, leider geht durch den amerikanischen Slapstick-Stil sehr viel Information unter.

„I can see your Lips moving"
Valentine Vox (vergriffen)
In diesem Buch findet der Leser einfach Alles zum Thema Bauchreden. Der Autor hat nicht nur auf's Kleinste recherchiert, das umfassende Bildmaterial reizt auch zum Eintauchen in die Materie. Ein Muß für Kenner. Leider in Englisch verfaßt, limitierte, handsignierte Auflage, zu beziehen über Retonio's Magic, Casino, Schweiz. Adresse, siehe unten.

„Die Kunst des Bauchredens"
Ernst Schulz (vergriffen)
Berlin, 1892
Aus einer fernen Zeit vor Radio und Fernsehen, als der Alleinunterhalter noch abend- und bühnenfüllend vor einem begeisterten Publikum stand. Und das ganze ohne Puppe. Ein Stimmimitator und Bauchredner der alten Schule. Erhältlich im Antiquariat oder durch die Fernleihen der Universitäten.

„Bauchreden" (vergriffen)
James Hodge, 30,- DM
Sie erfahren, daß jeder das Bauchreden erlernen kann und dazu keine außergewöhnliche Begabung notwendig ist. Wichtig ist zu wissen, wie man es überhaupt anstellen muß. Und genau das wird in diesem Buch beschrieben. Außerdem wird gezeigt, wie sich die verschiedensten Figuren für die unterschiedlichsten Darbietungen selbst herstellen lassen. Bezugsadresse: Stolina Magic 02522/4258

Adressen für Puppen:

Handgenähte Stofffiguren,
individuelle Anfertigungen:

TIEKIDS
In den Weiden 19
40764 Langenfeld
02173-74094
www.tiekids.de

Fertige Bauchrednerpuppen:

Maher
School of Ventriloquism
P. O. Box 420
Littleton, Colorado 80160, USA
www.maherstudios.com

Mephisto
Special Effects, International Magic Studio
H. Consciencestraat 20
8500 Kortrijk, Belgien

Goochel-Studio Kali
3312 CD Dordrecht
Krommedijk 7, Niederlande

Auf Bauchredner STEVOs Internetseite

www.bauchrednerkunst.de

gibt es unzählige Infos zum Thema Bauchreden: Händleradressen für Puppen, Adressen von Bauchrednern, Bauchrednerschulen und sogar Infos über Bauchrednerkongresse

Kontaktadressen im In- und Ausland für die Spezialanfertigung von Bauchrednerpuppen:

www.stolina.de
www.figurenbau-weinhold.de
www.diecircuskiste.de
www.monnikendam.nl
www.maherstudios.com
www.axtell.com
www.selbergstudios.com
www.onewaystreet.com

Bauchrednerkongresse:

Las Vegas Ventriloquist Festival
www.ventriloquists.net

Venthaven Inc.
www.venthaven.com

Patrick Martin, Jens Meyers

Bauchredner hat noch Termine frei:

Jens Meyers
Alte Gladbacher Str. 280
47801 Krefeld
Telefon 02151-750550
Fax 02151-750607
mobil: 0172-9221296
J.Meyers@t-online.de

Patrick Martin
www.patrick-martin.de
Telefon 0700-36273600
Bauchredner@altmuehlnet.de

»Klaus und Willi«
Klaus Rupprecht
Moerser Heide 28a
47443 Moers
Telefon 02841-518701
Fax 02841-518717

Bauchrednerschulen:

Patrick Pat Martin,
Bauchrednerschule
Kreativpool 3Nasen
Telefon 0700-36273600
Bauchredner@altmuehlnet.de

Theaterpädagogisches Zentrum Münster
Berliner Platz 23
48143 Münster
Telefon 0251-9284026
Fax 0251-4840965
tpz@muenster.de
www.tpz-muenster.de

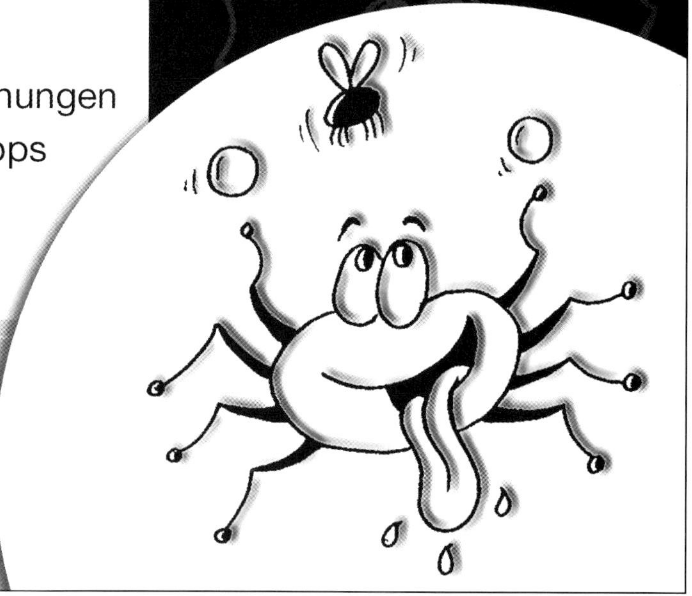

Ulli Wegner

Bumerangwerfen – spielend lernen

€ 8,90 (D) · SFr 16,50 · € 9,50 (A)
ISBN 3-89535-425-2 · Edition Aragon

Dieses Buch ist für Anfänger und Profis geeignet. Nach einem Blick in die Bumeranggeschichte folgen Grundkenntnisse rund um den Bumerang, Sicherheitsregeln, Grundlagen der Wurf- und Fangtechnik, Beeinflussung der Bumerangflugbahn, kreativ Bumerangwerfen, Literatur, Adressen, Zubehör und Würfe bis hin zu Leuchtspurwürfen.

EDITION ARAGON

D-47401 Moers · Postfach 101106
D-47445 Moers · Amselstraße 8
Telefon 0 28 41 / 165 61
Telefax 0 28 41 / 2 43 36
Email: aragon-moers@web.de

Michael Kramer

Das praktische Rollenspielbuch

152 Seiten, Großformat, Fadenheftung
€ 16,80 (D) · SFr 30,60 · € 17,90 (A)
ISBN 3-89535-440-6 · Edition Aragon

Das Leben ist Spiel, wir spielen oft in Inszenierungen mit und merken es nicht. Auch wird uns Rollenverhalten durch die Medien, Werbung, Mode, Politik, Religion und ihre demagogische Einflußnahme aufgezwungen, die wir im Unterbewußtsein aufnehmen, die uns also prägen ohne daß wir diese Einflüsse bewußt spüren. Wir müssen uns aber auch mit den bewußt gewählten Rollen beschäftigen, die wir auswählen, weil wir sie lieben, die wir auskosten und gerne ausleben. Der coole Typ, der aber bei einem Konflikt (bei dem er persönlich betroffen ist) in Tränen ausbrechen kann, der verantwortungsvolle Familienvater, der auf der Arbeit zum Tyrannen werden kann, die sorgende Mutter, die sich aber auch sehr schnell zur erotischen Verführerin verwandeln kann.

EDITION ARAGON

D-47401 Moers · Postfach 101106
D-47445 Moers · Amselstraße 8
Telefon 0 28 41 / 165 61
Telefax 0 28 41 / 2 43 36
Email: aragon-moers@web.de